# Palabros 3.0

León Arsenal

y

Rubén García López

KOKAPELI EDICIONES

Primera edición en papel: octubre, 2024
Título: *Palabros 3.0*

© De la portada y diseño de cubierta: Pablo Uría
© Diseño y maquetación: James Crawford Publishing (William E. Fleming)
© 2024, Kokapeli Ediciones
  **www.kokapeli.com**
© 2024, León Arsenal y Rubén García López

ISBN: 978-84-128608-2-5

# ÍNDICE

# Aviso a lectores

Hemos querido escribir un libro ligero. «Ligero» en el sentido de que pretendemos que sea fácil de leer y accesible a todos (o a una gran parte) de los posibles lectores. No «ligero» en el sentido de banal. Es cierto que el título que hemos elegido, *Palabros 3.0*, puede llamar a engaño en tal sentido. Somos conscientes de ello. Pero buscábamos algo corto, capaz de captar la atención en una fracción de segundo, y que fuera fiel al contenido real sobre el contenido del libro. Y creemos que *Palabros 3.0* cumple los requisitos.

Porque por eso mismo este volumen está dedicado a esos términos (palabros, en sentido coloquial), a menudo procedentes del inglés, que nunca antes habíamos escuchado y que, en los últimos tiempos, llueven sobre nosotros. Palabros como *blockchain, bitcoin, NFT, tokens...*

Vivimos una realidad que ya no es cambiante, sino más aún, líquida (otra definición bien de moda en estos días), porque todo varía casi de forma continua y de un momento para otro y en el que casi cada día surge alguna novedad tecnológica destinada a modificar, en mayor o menor medida, nuestra economía, nuestra sociedad, nuestras vidas personales. Esos palabros encarnan tales cambios, porque lo que no tienen nombre no existe. Muchos los oímos y, como no los entendemos, los aparcamos ahí, en una esquina de nuestras cabezas, asumiendo que no son importantes para nuestra vida cotidiana y que nada tienen que ver con nosotros. Gran error. Cada vez van a afectarnos más en nuestro día a día, aunque todavía no nos percatemos de ello.

Quizá, como sociedad, estamos repitiendo el mismo error que ya hemos cometido dos ocasiones, en un pasado reciente. La primera vez fue con la llegada de los ordenadores personales. Entonces, muchos los desdeñaron, considerando que no era más que un divertimento; poco más que las antiguas *máquinas de marcianitos* de los bares y billares, solo que llevadas a casa. Y aunque, cuando se hizo patente el impacto que la informática estaba teniendo sobre personas y organizaciones, y aún la sociedad en su conjunto, muchos lograron subirse más o menos al carro, también fueron no pocos los que se quedaron descolgados.

El error se reprodujo con la aparición de Internet. De nuevo, muchos le dieron la espalda; se burlaron de todo aquello, catalogándolo como un capricho que servía poco más que para entrar en grupos de discusión y chats, sobre todo para ligar. Y otras vez, aunque una gran proporción de la ciudadanía se acabó incorporando al cambio (unos al comprender su equivocación y otros porque laboralmente se vieron obligados a ellos), de nuevo hubo miembros de nuestra sociedad que se vieron fuera o en los márgenes de toda esa revolución.

Aquellos que no pudieron sumarse a la nueva situación se convirtieron en *analfabetos tecnológicos*; personas ancladas en una realidad desfasada y privadas del acceso a los beneficios que ofrecen la informática y/o Internet. Somos conscientes de que el término *analfabeto tecnológico* suena fuerte, sobre todo en esto tiempos tan pacatos. Pero es algo que define muy bien a las víctimas de esos errores. Porque son víctimas (asunto distinto es el de aquellos que, conociendo, se mantienen al margen; en tal caso, es su elección y nadie tiene por qué importunarles por haberla tomado). Son analfabetos tecnológicos que, lo mismo que los analfabetos de siempre, se ven privados del acceso a un universo de conocimientos y experiencias, y también de desarrollo personal, laboral, económico y social.

Y ahora estamos ya inmersos en una *Tercera Revolución Tecnológica*. A esta podríamos además catalogarla de *en abanico* o *arborescente*, porque se está produciendo a varios niveles y en diversos campos. Quizá la parte más visible de la misma, que va a provocar (está provocando) un terremoto económico y social, sea la Inteligencia Artificial (IA). Pero también en ese ámbito, más en segundo plano o incluso invisible para gran parte de la población, se encuentran cuestiones como la blockchain, los contratos inteligentes o las finanzas descentralizadas.

Pero tengamos en cuenta que corremos el riesgo de que nos ocurra lo mismo que con las dos revoluciones tecnológicas precedentes. Que parte de nuestra población se quede descolgada de esta tercera, o que se incorpore tarde, a disgusto y de manera incompleta. Y, en esta tercera ocasión, el riesgo se ve agravado. Porque cabe la posibilidad de que una mayoría se quede al margen de todo lo que trae esta nueva revolución tecnológica.

Sí. Una mayoría. Podemos llegar a una sociedad en la que solo una minoría (o, peor aún, una *élite*, en el mal sentido de tal palabra) sea la que conozca, emplee y saque provecho a estas novísimas tecnologías. Y que el resto de la ciudadanía se quede, unos totalmente fuera, y otros en el extrarradio de las mismas, obteniendo de ellas mucho menos beneficio de lo que podrían.

Puede ocurrir, sí. Y es fácil encontrar explicaciones para ello. Lo vertiginoso de los cambios, el desconocimiento general, la desinformación y el sensacionalismo de ciertos medios de comunicación... Pero también está el hecho de que estamos sufriendo una avalancha de términos tomados directamente del inglés y que, a veces, son abreviaturas o acrósticos. Palabros que nada significan para nosotros y que no podemos conectar con nada que conozcamos. Y eso es algo que hace que muchos se pongan en guardia contra ellos, los desdeñen o les den la espalda.

Queremos ayudar a remediar ese error. No queremos vivir en una *sociedad 3.0* formada por una élite tecnológica y una mayoría atecnológica. Los autores de este libro somos, nosotros mismos, buena muestra de las dicotomías de nuestro tiempo: uno, un empresario tecnológico, con amplia experiencia en las finanzas *online*; otro, novelista y divulgador, usuario de las nuevas tecnologías, pero ajeno a todo ese mundo 3.0. Pero ambos nos hemos fijado dos objetivos relacionados con los *Palabros 3.0.*

El primero es explicar de manera clara y fácil qué significan esos términos. Que los lectores sepan qué hay detrás de cada uno de ellos. Y el segundo, e igual de importante, explicar qué implicaciones tiene cada una de ellas, qué alcance y efectos tienen o van a tener esas tecnologías y sistemas definidos mediante esos vocablos. Alcances y efectos tanto sobre nuestras vidas personales como sobre nuestra sociedad en su conjunto.

Para ello recurriremos a algunos recursos literarios, como, por ejemplo, a las analogías. Porque uno de los grandes problemas de todo esto es algo que ya hemos dicho: que, a menudo, no logramos conectar tal o cual palabro con nada que tenga que ver con nuestras experiencias previas. Pero ahí podemos acudir a algo tan maravilloso como el idioma. Si mediante una analogía (u otro recurso literario) logramos establecer esa conexión entre lo nuevo y algo ya conocido, todo cambia de golpe. El palabro ininteligible se vuelve algo fácil y accesible.

Y eso es fundamental porque, para poder desenvolvernos en un entorno nuevo, tenemos que entender los elementos que lo componen. Y eso es lo que queremos ayudar a hacer con estas tecnologías 3.0. Hacerlas accesibles a todos (o a una mayoría) aclarando los palabros que las definen.

Por eso hemos escrito este libro.

# La blockchain.
# Toda una revolución

Y vamos a comenzar fuerte, cogiendo al toro por los cuernos, con uno de los *tecnopalabros* que más circulan de boca en boca, y también por los medios de comunicación. Un término que, sin embargo, muchos de los ciudadanos (y no necesariamente de cierta edad) no es solo que no lo comprendan, sino que ni siquiera llegan a rozar lo que significa. Pero la verdad es que no es tan difícil de entender qué es la blockchain, y lo que puede aportarnos, y la importancia que puede tener en el futuro. Todo es cuestión de usar palabras sencillas y de la forma adecuada.

Así que, para empezar a entender qué es la blockchain, nada mejor que comenzar por cómo nació. Porque la blockchain no es un divertimento. No es un juego de ingenieros en busca de algo nuevo. No es un experimento. Es algo que ha llegado para cubrir una necesidad provocada por los cambios tecnológicos que está viviendo nuestra sociedad.

## ¿Por qué necesitamos algo como la blockchain?

Porque, en esta era digital, se multiplican tanto las oportunidades como las amenazas. Por eso, la seguridad y la transparencia de las transacciones que realizamos en línea son más importantes que nunca. Esa es la necesidad que ha dado alas a la blockchain. Porque esa es la tecnología revolucionaria que ha cambiado la forma en que ahora se plantean los intercambios de valor e información en Internet. Si comprendemos que esta es la razón de existir de la blockchain y, si tenemos en cuenta cuál es su función (asegurar la seguridad y la fiabilidad de los intercambios materiales e intelectuales en Internet), nos será muy fácil entender *qué* es.

## ¿Y qué es la blockchain?

Pues vamos a explicarlo con una analogía muy simple.

Imaginemos un libro de contabilidad. En dicho libro, en cada página, se anotan las diversas entradas: ingresos, gastos, movimientos de algún tipo. E imaginemos también que ese libro de contabilidad se puede consultar al tiempo que resulta imposible de alterar. Es decir: no se puede hacer ningún cambio en las entradas que se van haciendo.

De la misma forma que las hojas, colocadas por orden, unas detrás de otras, según se han ido registrando las entradas, forman ese libro de contabilidad, así la blockchain1 es una cadena de bloques que, al igual que las hojas, no se pueden alterar ni cambiar de orden sin hacer perder su sentido al libro.

Cada bloque está encadenado al anterior y al posterior, creando así la «cadena de bloques» o, en inglés, *blockchain*. Esa estructura inamovible e inalterable es la que garantiza que toda la información que contiene la cadena sea transparente y segura.

*Transparente y segura*. Esas son las dos características de la blockchain, que garantizan las transacciones materiales e intelectuales de las que hablábamos antes.

Sabiendo ya qué es, veamos cuáles son las...

## Características principales de la blockchain

1 Usamos mayúsculas cuando hablamos de tecnologías en sí, y minúsculas cuando hablamos de unidades concretas. Por ejemplo, Bitcoin cuando hablamos del sistema y bitcoin cuando hablamos de la criptomoneda.

1. *Seguridad.* Porque utiliza técnicas criptográficas avanzadas para asegurar que los datos no se puedan alterar ni hackear.
2. *Transparencia.* Porque, aunque gracias a la criptografía se protege la privacidad de los usuarios, la blockchain permite que las transacciones realizadas puedan consultarse.
3. *Inmutabilidad.* Porque, una vez que una transacción se añade a la cadena (se anota una hoja más, en la analogía del libro de contabilidad), es prácticamente imposible modificar los datos o la posición.

Y, teniendo ya claro, no solo qué es la blockchain, sino también para qué sirve y cuáles son sus características principales, tenemos que llegar a la siguiente pregunta:

## ¿Cómo funciona?

Para saber su funcionamiento, vamos a usar otra analogía. Pensemos ahora en un grupo de amigos que se dedica a intercambiar libros entre ellos. Para llevar un registro que sea justo, certero y transparente de todos esos intercambios, y evitar así conflictos personales entre ellos, anotan cada cambio o préstamo en una hoja de papel. Y cada hoja, una vez llena, se guarda en una carpeta.

Pero, y aquí viene lo interesante, cada hoja nueva incluye un resumen de la hoja anterior, de forma que es posible seguir la secuencia, porque se crea así un enlace seguro entre ellas, y es imposible alterar tanto el contenido de las hojas como el orden de las mismas.

Pues bien, cada hoja es un bloque (*block*), y la forma en que se han ido introduciendo en la carpeta es la cadena (*chain*) que las une.

No es tan difícil cuando se contempla así, ¿verdad? Y ahora, visto cómo puede ser clave en algunos aspectos de nuestra sociedad actual, vamos a adentrarnos en la importancia de la blockchain. En el...

## Impacto de la blockchain en nuestro mundo actual

Porque la blockchain tiene aplicaciones que van mucho más allá de las transacciones financieras (por si habías pensado que su utilidad se limitaba sobre todo a eso). De hecho, con la blockchain se puede desde asegurar la cadena de suministros de alimentos hasta proporcionar una identidad digital segura. La posibilidades de esta tecnología no son ilimitadas, pero sí casi. Vamos a ver algunas, a modo de ejemplo:

1. **Contratos inteligentes** (*smart contracts*). Son programas que se ejecutan de forma automática cuando se cumplen determinadas condiciones, que se habrán definido previamente. Algo así es posible mediante la blockchain, lo que es fácil de entender gracias a lo que ya hemos visto. Esto es algo que no solo elimina incertidumbres y discusiones, sino que además hace innecesarios a los intermediarios.

2. **Cadena de suministros**. La blockchain asegura que los movimientos de cada producto se puedan rastrear desde su origen hasta el consumidor final, algo que garantiza la seguridad y aumenta la confianza del cliente en el producto.

3. **Identidad digital**. La blockchain proporciona una forma segura y eficiente de gestionar las identidades en línea. Nos protege contra los robos de identidad y los fraudes, que se han convertido en una de las principales preocupaciones de los ciudadanos, las empresas y las administraciones en este tipo de gestiones en red.

¿Solo tres aplicaciones? Claro que no. Hay muchísimas. Estos son solo tres ejemplos, porque reseñar todas las posibilidades de estas tecnologías nos exigiría casi un libro por sí solo. Ahora bien, nada es un camino de rosas y también se presentan problemas y desafíos para esta tecnología que hay que abordar, como casi todo en la vida. Pero, al mismo tiempo, se abren de continuo nuevas posibilidades a explorar.

Uno de los principales retos de la blockchain se encuentra en la escalabilidad del sistema y en el consumo de energía que requiere. Debemos encontrar la forma de extender a nivel masivo esta tecnología, evitando que se nos quede por el camino una parte considerable de la ciudadanía, por desconocimiento de la misma (esperamos estar poniendo nuestro granito de arena en tal aspecto). Pero además tenemos que planificar y gestionar el incremento de consumo energético que esta tecnología supone, porque nada sale del aire. Resolver estos nudos es crucial para que la blockchain se adopte de manera generalizada.

## El futuro de la blockchain

La blockchain es, de verdad, una de las Nuevas Fronteras de la Tecnología. El potencial que tiene para transformar industrias de lo más diversas es enorme. A medida que superemos los desafíos que nos presenta, veremos innovaciones que harán que las transacciones materiales e intelectuales sean más seguras, eficientes y justas para todos. Será una pequeña revolución dentro de un mundo inmerso en una revolución tecnológica casi perpetua desde hace tres décadas.

Y, sabiendo que esto es una pequeña revolución (o no tan pequeña, ya veremos), intentemos profundizar un poco más en la blockchain. Vamos a ver la tecnología subyacente al mismo y las aplicaciones avanzadas que tiene.

## Cómo funciona la blockchain y en qué se está usando

Porque la blockchain funciona mediante la distribución de lo que, en la analogía, hemos definido como su Libro de Contabilidad, y eso es posible gracias a una red de ordenadores. Cada uno de esos ordenadores verifica y valida las transacciones que se realizan de forma independiente. Esto es algo clave, puesto que elimina la necesidad de un controlador central (como es, por ejemplo, un banco tradicional) que supervise las transacciones. Y eso, a su vez, reduce y mucho las tasas y el tiempo de procesamiento. He aquí otra ventaja más de esta tecnología.

¿Y en qué se está usando? Por ejemplo, en algo que está en boca de muchos y que la mayoría no tiene claro qué es con exactitud. Estamos hablando de las criptomonedas. Sí, las famosas criptomonedas, siendo las más conocidas de ellas el Bitcoin y Ethereum, aunque existen cientos o miles de criptomonedas distintas. Las criptomonedas o monedas digitales usan la blockchain para facilitar transacciones dinerarias seguras y anónimas en Red. Como ya hemos explicado cómo funciona la blockchain, no nos vamos a extender aquí, porque el alcance de la tecnología va mucho más allá de las famosas criptomonedas, de las que ya hablaremos dentro de poco.

Ahora, lo que vamos a detenernos es en sus...

## Usos innovadores

1. **En la salud**. Porque la blockchain puede revolucionar la gestión de los registros médicos al proporcionar un sistema seguro y accesible para almacenar y compartir, entre los facultativos, la información sobre los pacientes. No hace falta decir los beneficios para estos últimos, y las facilidades para los médicos que esto supone.

2. **En las votaciones**. Porque nos ofrece una plataforma para votaciones tanto seguras como transparente. Esto es algo que reduce los riesgos de fraudes como de manipulación, y aporta seguridad en la limpieza de los comicios a la ciudadanía.

3. **En la educación**. Porque permite la verificación segura de las credenciales académicas, lo que facilita el proceso de validación y comprobación de los títulos y certificados.

De nuevo, solo hemos querido dar tres ejemplos de las posibilidades de esta tecnología. Hay muchas más y, además de aclarar concepto, queremos creer que, sin duda, una vez sabiendo qué es la blockchain, algunos de nuestros lectores van a encontrar aplicaciones concretas a la tecnología, en sus propias áreas de conocimiento y/o empresa. Pero no nos vamos a extender en exceso sobre esto, porque hay mucho de lo que hablar y queremos irnos con una...

# Reflexión final sobre el impacto de la tecnología de la blockchain

Hay quienes consideran que la blockchain no es solo una tecnología, sino también toda una filosofía. Porque es algo más que un simple avance tecnológico más. Significa replantearse cómo la transparencia, y por tanto la confianza, se pueden integrar en los sistemas digitales. Esto es todo un vuelco a una situación en la que la opacidad, la incertidumbre y la desconfianza crónica han sido la tónica. Y hay algo más. Porque, a medida que exploramos y expandimos las posibles aplicaciones de la blockchain, se nos abren nuevas vías para una sociedad más justa, segura y eficaz.

*Justa, segura* y *eficaz*. Nada menos.

Y, con esta reflexión, dejamos estos apuntes sobre lo que es, las utilidades y los potenciales de la blockchain. No hay mejor comienzo, creemos, para ilustrar la necesidad y la utilidad de entender estos nuevos conceptos que se esconden tras términos que hace poco no oíamos. Y, partiendo de la blockchain, vamos a seguir con otros *palabros 3.0* que son poco menos que el «ábrete sésamo» que nos da acceso a la cueva de los tesoros. Solo que, en este caso, no basta con pronunciarlos, sino que es preciso conocer su significado y entender qué hay detrás de ellos.

# Las criptomonedas

Y vamos ahora con las *criptomonedas*, un palabro que se ha hecho popular, y no siempre para bien, puesto que a muchos, gracias al sensacionalismo y la desinformación de no pocos medios de comunicación, ha acabado sonándoles a ficción y venta de humo, cuando no directamente a estafa. Así que vamos a intentar disipar ese desconocimiento, porque puede que las criptomonedas estén, en un futuro muy próximo, en nuestras vidas, guste o no guste.

Usábamos antes, en el capítulo sobre la blockchain, la analogía de un grupo de amigos que intercambiaban libros. Ahora vamos a emplear la de ese mismo grupo de amigos, pero en esta ocasión intercambian cartas de juego.

Imaginemos que en ese juego de intercambio de cartas creamos una especial: una carta especial que no existe físicamente. Que solo se puede cambiar y guardar en el registro especial del que hablábamos (la blockchain). Registro que todos los jugadores comparten. Esa carta especial es, en efecto, distinta, y, si tiene algún valor, es porque todos los jugadores están de acuerdo en que tenga valor.

Esas cartas especiales, como hemos dicho, no tienen existencia física. Solo existen anotadas en el registro de intercambios. Son únicas. No puedes tocarlas. Pero sabes que son tuyas, porque tu nombre está al lado de las cartas especiales que te corresponden, en el registro. Pues bien: tales cartas especiales son en el mundo real las criptomonedas.

Las criptomonedas se pueden considerar algo semejante a tesoros digitales, dentro de un juego de intercambio tan amplio como complejo. Tal juego de intercambio es similar al de intercambio de cartas entre amigos del que hablábamos, solo que con dimensiones tecnológicas y financieras añadidas.

Porque las criptomonedas son monedas digitales o virtuales que utilizan la criptografía para dotarse de seguridad, lo que las hace extremadamente difíciles de falsificar. A diferencia de las monedas fiduciarias (como pueden ser el dólar o el euro), las criptomonedas operan en una red descentralizada, basada en la tecnología blockchain. Esta tecnología actúa como un registro público y distribuido en el que quedan consignadas todas las transacciones. Y eso es algo que asegura transparencia y seguridad de dichas transacciones, y elimina la necesidad de intermediarios, tales como los bancos o los gobiernos.

Los intercambios, por tanto, son directos, al haber eliminado a los intermediarios de los sistemas tradicionales.

## ¿Y cómo funcionan las criptomonedas?

Su funcionamiento se apoya en la tecnología blockchain que, como ya explicamos en el anterior capítulo, es en esencia una especie de libro de contabilidad distribuido (descentralizado). Cada bloque de la cadena contiene cierto número de transacciones, ordenadas según se han ido realizando. Cuando un bloque se llena, se agrega a la cadena mediante un proceso que exige la solución de complejos acertijos matemáticos y que se conoce con el nombre de *minería*.

Esta es una fórmula que asegura la integridad de las transacciones y la inmutabilidad del registro. Y, como hemos dicho, elimina la necesidad de intermediarios o autoridades centrales, abriendo las puertas a un sistema financiero que podría ser más democrático y abierto.

## ¿Y cómo se consigue tanta seguridad?

Es posible gracias al uso de complejos algoritmos criptográficos.

Porque ocurre que cada usuario tiene dos llaves:

1. Una **llave privada**, que es, en esencia, su firma digital para estas transacciones. Es un secreto criptográfico, largo y complejo, que es único para cada usuario. Tan solo ese usuario, que es su propietario, la conoce y nunca la comparte con nadie. Mediante esa firma digital, su propietario puede:

    a. Autorizar transacciones. Cuando envía criptomonedas, el propietario firma digitalmente la transacción con su llave privada. Esa firma es la prueba de que ha autorizado dicha transacción, sin necesidad de revelar su llave privada a nadie.

    b. Garantizar la seguridad. Esta es total mientras el propietario mantenga en secreto su llave privada. Si alguien más lograse obtener acceso a la misma, podría autorizar transacciones y, por tanto, apoderarse de las criptomonedas que estén asociadas a esa llave.

2. Una **llave pública**, que actúa como su dirección de criptomoneda. Esta segunda llave se deriva de la llave privada y se puede compartir libremente. De hecho, es necesario compartirla para poder efectuar transacciones, puesto que funciona como una dirección a la que le pueden enviar criptomonedas. Así, mediante la llave pública, el propietario puede:

    a. Recibir fondos. Gracias a lo que hemos dicho de que esta llave pública es como una dirección. Es como si fuese una cuenta bancaria dentro del mundo de las criptomonedas, única y por tanto inconfundible.

    b. Asegurar la veracidad de la firma. Porque, aunque la llave pública no puede firmar transacciones (cosa que corresponde a la llave privada), si puede servir a otros para verificar que una transacción concreta se firmó con la llave privada correspondiente. Puesto que existe una relación matemática entre las dos llaves, si la firma se corresponde con la llave pública, eso significa que la transacción se firmó con la llave privada correspondiente.

## Y, ¿cómo se utilizan estas llaves?

Es un proceso en varias fases, que no resulta tan complicado como pudiera parecer a simple vista.

**Fase 1. Iniciación:** Cuando un usuario desea enviar criptomonedas, inicia una transacción, indicando la cantidad y la dirección, que es la llave pública del destinatario.

**Fase 2. Firma:** El usuario firma digitalmente la transacción con su llave privada, asegurando de esa manera que es él quien ha originado de manera legítima la transacción.

**Fase 3. Verificación:** Una vez que la transacción se ha trasmitido a la red, los nodos o participantes de la red utilizan la llave pública del remitente para verificar que la transacción se ha firmado correctamente con la llave privada correspondiente.

**Fase 4. Finalización:** Una vez que se ha verificado la transacción, esta se agrega a un bloque en la blockchain, y las criptomonedas se transfieren al destinatario.

Tener a buen recaudo la llave privada es un asunto vital, algo crítico en el mundo de las criptomonedas. La pérdida de la misma implica la pérdida del acceso a nuestras criptomonedas, sin que haya forma alguna de recuperarlas. En este ecosistema, no existen fórmulas de recuperación, como ocurre con las contraseñas del correo electrónico normal, por ejemplo.

Igual de malo, o peor, es que alguien obtenga el acceso no autorizado a la llave privada, porque puede apoderarse de esos fondos sin que nadie pueda impedirlo.

Por tanto, los grandes riesgos que tiene el uso de criptomonedas no vienen de la tecnología que se usa con estas, sino de la mala gestión de las llaves. Pero también existen fórmulas para proteger las llaves privadas, como son las billeteras seguras o las copias de seguridad encriptadas.

Dejando de lado los problemas que pudieran generar la imprudencia de los usuarios en esa cuestión de la custodia de su llave privada, las criptomonedas ofrecen grandes ventajas, fáciles de comprender. Facilitan las transacciones entre particulares, en igualdad de condiciones, permitiendo enviar y recibir pagos entre ellos, desde y hacia cualquier parte del mundo, sin necesidad de intermediarios. Esto es lo que se llama Transacciones *peer-to-peer*. Algo que, además de las ventajas que ya hemos venido comentando (privacidad, seguridad, sin intermediarios, etc.), se une el que reduce los costes asociados que suelen tener las transferencias tradicionales de dinero. Y también que aumenta la velocidad a la que se realizan dichas transacciones.

Pero la utilidad de las criptomonedas no se queda tan solo en que ofrecen transacciones privadas y seguras entre particulares. Así que vamos a ver algunas de tales utilidades adicionales.

## Otras utilidades de las criptomonedas

Son muchas, como ocurre con la blockchain, que es la tecnología en la que las propias criptomonedas se apoyan. Por ejemplo, permiten crear contratos inteligentes, contratos autoejecutables que ya hemos mencionado y sobre los que nos extenderemos, y que abren grandes posibilidades en campos tan diversos como el derecho, los seguros o las cadenas de suministro.

¡Ojo! No todo es un camino de rosas. Al ser las criptomonedas cadenas secuenciales de bloques, y contener esos bloques un registro de las transacciones, podría ocurrir que criptomonedas, creadas y puestas en circulación por estados, pudieran permitir a estos últimos registrar quiénes hicieron transacciones con las criptomonedas y qué uso le dieron, invirtiendo justamente uno de los grandes valores de esta tecnología, que es la privacidad.

Pero, por quedarnos en la parte positiva, algunos usos útiles de las criptomonedas, aparte de los ya indicados, serían:

1. **Identidad digital.** Porque la tecnología Blockchain se puede usar para crear sistemas de identidad digital y autenticación tan seguros como verificables. Esto tiene aplicación para la verificación de identidades o la gestión de derechos digitales. Asimismo, en la prevención del fraude o la suplantación, al permitir esas verificaciones de identidad sin revelar información personal innecesaria.

2. **Acceso financiero.** Para personas que no disponen de cuenta bancaria (por la razón que sea) o son residentes en regiones con infraestructura financiera tradicional escasa. Gracias a las criptomonedas, tales personas pueden almacenar valor de forma segura, así como acceder a distintos servicios financieros, entre lo que destacan los créditos o las hipotecas, que permite democratizar el acceso tanto al capital como a las oportunidades económicas.

3. **Anonimato.** Porque algunas criptomonedas están diseñadas para ofrecer transacciones anónimas o pseudónimas, lo que en ciertas situaciones puede ser deseable. Por supuesto, el riesgo es que pueda usarse para fines criminales, pero nada es perfecto.

4. **Defensa contra la censura ilegítima.** Al ser las redes de criptomonedas descentralizadas, los gobiernos o ciertas entidades no pueden bloquear con facilidad las transacciones. Algo que puede ser de gran utilidad para personas que viven en países con falta de libertades.

5. **DeFi.** Ya hablaremos también de las Finanzas Descentralizadas (DeFi). De momento, decir que las criptomonedas son la base de este tipo de finanzas, que trabaja sin pasar por las entidades financieras tradicionales. Las criptomonedas están en la vanguardia de la innovación financiera, ofreciendo nuevas formas de manejar, invertir y asegurar el dinero.

6. **Refugio contra la inflación.** Porque, debido a que no dependen de las políticas de los gobiernos, las criptomonedas

están a salvo de posibles vaivenes causados por estos en el valor, que sufren las monedas tradicionales.

7. **Control total.** Porque los usuarios tienen el control absoluto sobre sus activos financieros, sin la intervención en este tema de ningún tipo de entidad pública o privada.

Y podríamos seguir, porque hay muchas más aplicaciones, como, por ejemplo, el abaratamiento de los micropagos o su inclusión en métodos avanzados de gobernanza. Las posibilidades de las criptomonedas y la blockchain (dos conceptos que, tenemos que repetir, están imbricados) casi nos exigirían un libro por sí mismas. Baste por tanto estas pocas que hemos reseñado para darnos cuenta de qué campo tan amplio nos abre. Y, por tanto, su impacto puede llegar a ser enorme.

## Impacto de las criptomonedas

Como es fácil de comprender, el impacto de las criptomonedas va mucho más allá del mundo financiero. Su alcance no es solo material, sino también inmaterial, puesto que está cambiando la forma en la concebimos la privacidad y la autonomía personal en el mundo digital. Al hacer posibles transacciones rápidas, seguras y globales, las criptomonedas van a cambiar conceptos y fórmulas en campos tan diversos como la salud, la educación o la administración pública.

En resumen, las criptomonedas y la tecnología de la blockchain pueden llegar a causar una evolución en la forma en que los ciudadanos interactuamos, así como en el concepto de valor. Están abriendo un cauce para que la ciudadanía tenga el verdadero control sobre su dinero y los activos digitales, sin estar subordinada a empresas u órganos gubernamentales. Es una tecnología que además presenta amenazas, como hemos apuntado. Pero confiemos en que, a medida que estas tecnologías avancen, maduren y su uso se asiente en una proporción significativa de la población, causen no pocas mutaciones positivas en nuestra sociedad, y no solo (como tampoco nos cansamos de repetir) en el ámbito económico.

# El Bitcoin, abuelo de todas las criptomonedas

Suponemos que esta palabra, *Bitcoin*, le suena al menos a gran parte de los lectores. Vamos, por tanto, a dejar bien clara una cosa: el bitcoin es una criptomoneda. Sin embargo, además de ser la más famosa de todas ellas, tiene algunas características que la diferencian del resto. Por eso creemos que merece la pena que le dediquemos este pequeño capítulo en exclusiva.

Y, hecha esta aclaración, vamos con esas características que la diferencian del resto de criptomonedas.

1. Para empezar, fue la **primera criptomoneda**. En efecto, el bitcoin fue la primera criptomoneda que se creó, la que inició este fenómeno. La ideó alguien que usaba el seudónimo de Satoshi Nakamoto y sobre el que no se sabe nada, al punto de que tanto pudiera ser una persona como un grupo de ellas. Ese acto de creación supuso también el lanzamiento del concepto de blockchain, como tecnología de contabilidad descentralizada.

2. Es **rara**. Entendiendo rara por escasa. Solo existe una cantidad limitada de bitcoins. 21 millones de bitcoins, para ser exactos. Eso hace que, entre las muchas criptomonedas que existen, estas sean las más especiales y las más buscadas. En esta cuestión, en el mundo digital ocurre lo mismo que en el físico: lo más escaso suele ser lo más valorado.

3. Es **segura**. Al ser la primera de las criptomonedas, el bitcoin tiene la red más amplia y segura de todas. Eso se debe a que cuenta con la mayor cantidad de usuarios y mineros. Y eso, a su vez, significa que dispone de una de las redes blockchain más seguras en términos de potencia de cómputo dedicada al mantenimiento. Y no os preocupéis que, a no mucho tardar, nos detendremos en este tema de la minería, para que podamos entender mejor cómo se consiguen criptomonedas.

4. Es la más **universal**. Porque el bitcoin es la criptomoneda

más reconocida y, por tanto, la preferida por muchos. Es la más aceptada por parte de empresas comerciales, instituciones financieras e incluso algunos gobiernos, como medio de pago e inversión, cosa que no les ocurre a muchas de las otras criptomonedas.

5. Está **centrada en la seguridad.** Porque otras criptomonedas, como es el Ethereum, están diseñadas para dar soporte a utilidades tales como los contratos inteligentes o aplicaciones descentralizadas (DAapps). El bitcoin no. Bitcoin se centra sobre todo en ser una moneda digital y servir de medio de pago o inversión. Eso significa que, aunque su tecnología pueda parecer que ofrece menos posibilidades que otras, gana en simplicidad. Y eso, a su vez, se traduce en mayor estabilidad y seguridad, que es lo que muchos usuarios buscan en esencia.

6. Es de **ritmo lento y política conservadora en relación con la innovación**. Porque Bitcoin se desarrolla y evoluciona de forma más conservadora que otras criptomonedas. Dispone de una posición consolidada y los cambios en la red de bitcoin se llevan a cabo tomando toda clase de precauciones y, además, con consenso amplio entre la comunidad de usuarios. Esto contribuye a evitar errores y a mantener un nivel muy alto de seguridad en la red.

7. Uso del **algoritmo de consenso**. Bitcoin utiliza el mecanismo de Consenso de Prueba de Trabajo (PoW) para validar transacciones y crear nuevos bloques. Aunque muchas de las nuevas criptomonedas utilizan también PoW, algunas han recurrido a otros métodos, como el de Consenso de Prueba de Participación, PoS, que pueden ser más eficientes energéticamente. De nuevo, no os preocupéis que, aunque sea de forma breve, nos detendremos también en estos términos y tecnologías.

8. La **escalabilidad**. Este es uno de los grandes retos que se le

han presentado desde siempre a bitcoin. Su red puede procesar alrededor de 7 transacciones por segundo, algo que resulta bajo si se le compara con los sistemas de pago tradicionales. Y el tratar de buscar soluciones a esto ha llevado a dos soluciones distintas.

    a. La creación de soluciones de «segunda capa», para permitir transacciones más rápidas y baratas.

    b. Polarización de la comunidad de usuarios, al punto de que eso ha conducido al nacimiento de nuevas criptomonedas, que son bifurcaciones (*forks*) de las ya existentes, como es el caso de Bitcoin Cash (BCH) o Bitcoin SV (BSV), que optaron por implementar cambios en el tamaño de los bloques, para permitir más transacciones por bloque. Recordemos que comparábamos a los bloques con hojas en las que se anotaban por orden las transacciones y que, cuando estas hojas se llenaban, me almacenaban en una carpeta (la cadena). Siguiendo con la analogía, si disponemos de hojas más grandes, caben en ellas más anotaciones por cada hoja. Y, por tanto, sin aumentar la velocidad, se producen más transacciones en el mismo tiempo.

9. **Comunidad y cultura**. Porque, al ser la más antigua, cuenta con una comunidad de usuarios muy grande y activa. Esa comunidad está formada por desarrolladores, inversores, usuarios, mineros... Y tal comunidad ha desarrollado toda una cultura de grupo, impregnada de principios tales como la privacidad, la descentralización o la soberanía financiera. De aquí vemos que todo esto está provocando una pequeña revolución no solo material, sino también ideológica en los usuarios.

10. *Halving*. Esta es una de las peculiaridades más curiosas del bitcoin. Cada cuatro años, aproximadamente, la recompensa que se obtiene por minar un bloque de Bitcoin se reduce a

la mitad. Eso es el *halving*. Es un mecanismo diseñado para controlar la inflación mediante la simulación de que se están agotando los recursos, tal como ocurre con las minas en el mundo físico. Este artificio hace que se reduzca la tasa a la que se ponen nuevos bitcoins en circulación, lo que tiene su reflejo en los precios.

Estas son algunas de las particularidades de los bitcoins. Pero, pese a todas ellas, sigue siendo una criptomoneda y, por lo demás, su funcionamiento y mecanismos (como la existencia de llaves privada y pública) son idénticas a las demás.

Sin embargo, tampoco podemos acabar este capítulo sin señalar los contras que tiene el bitcoin. Porque, para ser justos, los tiene. Y algunos de estos son los siguientes:

1. La *volatilidad del precio*. Esto no es solo propio del bitcoin, sino común a la mayor parte de las criptomonedas. Pero, en el caso del bitcoin, las variaciones de precio pueden ser tan grandes como rápidas. Esto se debe tanto a su popularidad, que lleva a movimientos especulativos, como a cambios en las regulaciones estatales o a desarrollos y variaciones que se producen dentro del campo de las criptomonedas.

2. *Cuestiones legales*. Porque, al ser la criptomoneda más destacada, no es de extrañar que los legisladores se fijen ella. Ha sido y es objeto de no pocos debates en cuanto a su regulación legal en determinados países. Y las políticas de los gobiernos con respecto al bitcoin varían y mucho entre estados (desde su adopción en unos a la hostilidad de otros), lo que mediatiza su adopción y empleo en los distintos países.

3. El *impacto ambiental*. La minería de Bitcoin, que utiliza el mecanismo de prueba de trabajo (PoW), es objeto de críticas por su elevado consumo de energía y el impacto ambiental que esto causa.

Siendo de nuevo justos, este último defecto es algo común a todas las criptomonedas basadas en la minería. Hay que reconocer también que el problema no se ha soslayado, sino que es motivo de debates dentro de la comunidad, de que se plantean dudas sobre la sostenibilidad de esta criptomoneda y se está poniendo la atención en la búsqueda e implementación de medidas menos agresivas para el medio ambiente, como alguna de las que hemos apuntado con anterioridad.

# Ethereum: La plataforma para una Internet descentralizada

Ethereum es uno de los grandes rivales o alternativas al bitcoin, en parte porque, como vamos a ver, permite posibilidades que este segundo no tiene. En el momento de escribir este libro, Ethereum no tiene ni diez años de antigüedad, ya que la lanzó un grupo de fundadores, encabezado por Vitalik Buterin, en 2015, que buscaba algo distinto al bitcoin. Porque Ethereum no es solo una criptomoneda. Es también una plataforma revolucionaria que permite a los desarrolladores construir y desplegar aplicaciones descentralizadas (DApp) y contratos inteligentes. Unas y otros son programas que se ejecutan en la blockchain de Ethereum de manera automática, cuando se cumplen ciertas condiciones. Y esto último algo que elimina la necesidad de intermediarios, al tiempo que reduce las posibilidades de fraude y corrupción.

## Contratos inteligentes y DApp

Ya hablaremos de todo esto con más detalle un poco más adelante. Pero, para no perder el hilo, diremos aquí que los *contratos inteligentes* son, para entendernos, códigos de programación que facilitan, verifican o ejecutan la negociación o la ejecución de un contrato, de manera automática y autónoma. Los contratos inteligentes permiten

33

a los desarrolladores crear aplicaciones que pueden servir para una amplia gama de usos, desde sistemas de votación electrónica hasta programas de fidelidad de clientes.

Las *DApp*, por su parte, son aplicaciones descentralizadas que operan en la red blockchain de Ethereum. A diferencia de las aplicaciones tradicionales, que se ejecutan en un solo sistema informático o servidor, las DApp funcionan en una red de ordenadores descentralizada. Esto es algo que ofrece a los usuarios ventajas tales como resistencia a la censura, tiempo de actividad casi del 100% y seguridad reforzada.

Volviendo a nuestra analogía del grupo de amigos que comparten libros, Ethereum, los contratos inteligentes y las DApp operarían de la siguiente forma:

Supongamos que ese grupo de amigos decide crear una biblioteca común descentralizada, usando los principios de Ethereum. A partir de esa premisa, el sistema funcionaría así:

## La Biblioteca Común Descentralizada

**La estructura de Ethereum**. Pensad en Ethereum como si fuera un gran espacio público donde se reúne este grupo de amigos. Ese espacio está abierto a todos ellos, es amplio y seguro y, dentro del mismo, pueden crear sus propias reglas sobre cómo compartir y gestionar sus libros.

**Contratos inteligentes**. Cada vez que un amigo quiere prestar un libro a otro, en lugar de simplemente pasárselo de mano en mano (lo cual podría llevar a disputas sobre quién tiene el libro en un momento dado o en qué condiciones se debe devolver), deciden usar un contrato inteligente. Este contrato es como un acuerdo grabado en piedra (usamos tal símil para remarcar su poder, porque en realidad está escrito en código) en el que consta que: «Cuando X le preste tal libro a Y, Y se compromete a devolverlo en un mes. Y, si no lo hace, se le enviará un recordatorio automático».

Este contrato inteligente actúa como un bibliotecario digital que supervisase el intercambio, asegurándose de que se cumplan las condiciones acordadas, sin que nadie tenga que intervenir personalmente. El contrato inteligente es imparcial, justo, y opera automáticamente según las reglas establecidas por el grupo.

**DApp (Aplicaciones descentralizadas).** Para facilitar el intercambio de libros, el grupo desarrolla una aplicación descentralizada. Esta DApp funciona como un catálogo digital que es accesible a todos los amigos y donde pueden ver qué libros están disponibles, quién los tiene, e incluso reservarlos o solicitarlos prestados. La DApp registra cada transacción (préstamo y devolución) en la blockchain de Ethereum, asegurando que la información sea transparente, inmutable y verificable por cualquier miembro del grupo.

Y así es como funciona la cosa, sin posibilidad de malas interpretaciones, tergiversaciones voluntarias o incumplimientos. ¿No es tan difícil de entender, verdad?, por más que, de entrada, nos suene todo esto a arameo. Y ahora, veamos…

# ¿Qué beneficios tiene todo esto para el grupo de amigos?

**Confianza y seguridad.** No puede haber dudas sobre los términos del préstamo de libros, ya que los contratos inteligentes aseguran que se cumplan las condiciones acordadas.

**Eficiencia.** La DApp automatiza el proceso de préstamo, eliminando la necesidad de coordinaciones manuales y reduciendo la posibilidad de errores o disputas.

**Transparencia.** Todos los intercambios de libros quedan registrados en la blockchain, accesibles para cualquier miembro, lo que aumenta la confianza dentro del grupo.

**Accesibilidad e inclusión.** Cualquier amigo, sin importar dónde esté, puede acceder al catálogo y participar en el intercambio de libros, siempre que tenga acceso a la red de Ethereum.

Pero, como nada es perfecto y todo puede mejorar, Ethereum está evolucionando y, fruto de esa evolución es...

## Ethereum 2.0: Hacia una mayor Escalabilidad y sostenibilidad

Ethereum se encuentra en un proceso de actualización conocido como Ethereum 2.0 o Eth2. Esa actualización pretende resolver los problemas de escalabilidad y sostenibilidad mediante la transición de un mecanismo de consenso de prueba de trabajo (PoW) a uno de prueba de participación (PoS). Ya nos detendremos en esto, y veremos que el segundo es más eficaz energéticamente. Por eso, se espera que Ethereum 2.0 mejore la capacidad de la red para manejar transacciones y aplicaciones descentralizadas, y abra así nuevas posibilidades.

## Token nativo: Ether (ETH)

Ether (ETH) es el token nativo de Ethereum, utilizado para compensar a los participantes que realizan cálculos y validan transacciones en la red. Sirve para operar en la plataforma, ya que los desarrolladores y usuarios deben pagar en ETH para ejecutar contratos inteligentes y transacciones. Esto ayuda a evitar el spam y asegura que los recursos de la red se utilicen eficientemente. También veremos qué es exactamente un token, y comprobaremos cómo todas las piezas encajan.

## Impacto y aplicaciones

El impacto de Ethereum en el espacio de la blockchain y las criptomonedas ha sido profundo. Ha abierto la puerta a innovaciones en finanzas descentralizadas (DeFi), tokens no fungibles (NFTs), juegos blockchain, y mucho más, demostrando el potencial que tiene la tecnología blockchain más allá de las simple transacciones financieras.

Así que, ahora, vamos a ver por encima el alcance que tiene o puede tener esta tecnología.

## ¿Cómo beneficia o afecta Ethereum a diferentes sectores?

1. **Finanzas** (DeFi - Finanzas descentralizadas)

*Beneficia*: Ethereum ha revolucionado el sector financiero permitiendo el desarrollo de las Finanzas Descentralizadas (DeFi), que ofrecen servicios financieros, tales como préstamos, seguros o trading, sin intermediarios. Esto es algo que reduce costes, mejora la accesibilidad y crea sistemas financieros más inclusivos.

*Afecta*: DeFi supone un desafío a los sistemas financieros tradicionales, puesto que podría desplazar a bancos y otras instituciones de su papel de intermediarios imprescindibles, obligándolos a adaptarse o innovar.

2. **Cadenas de suministro**

*Beneficia*: Los contratos inteligentes pueden automatizar y verificar las transacciones y los movimientos de productos a lo largo de la cadena de suministro, ofreciendo transparencia, reduciendo el fraude y mejorando la eficiencia.

*Afecta*: Las empresas que dependen de procesos opacos o que no sean capaces de adaptarse a tecnologías disruptivas pueden encontrar dificultades para competir en mercados que valoran la transparencia y la eficiencia.

3. **Sector jurídico**

*Beneficia*: Los contratos inteligentes ofrecen la posibilidad de automatizar y ejecutar acuerdos legales con una seguridad y eficiencia sin precedentes, minimizando la necesidad de intermediarios legales en ciertas transacciones.

*Afecta*: El sector jurídico debe adaptarse a la interpretación y la regulación de contratos inteligentes, lo que representa un desafío para las prácticas legales tradicionales.

### 4. Arte y entretenimiento

*Beneficia*: A través de los tokens no fungibles (NFT), Ethereum ha creado un nuevo mercado para el arte digital y otros contenidos, permitiendo a los artistas monetizar su trabajo de forma directa, al tiempo que protegen su propiedad intelectual.

*Afecta*: Las industrias tradicionales del arte y el entretenimiento deben adaptarse a un nuevo paradigma donde la propiedad digital y los derechos de autor se gestionan de manera descentralizada.

### 5. Sector inmobiliario

*Beneficia*: La tokenización de propiedades en la blockchain de Ethereum puede facilitar la compra, venta y alquiler de inmuebles, haciendo estos procesos más transparentes y eficientes, y abriendo el mercado a inversores de todo el mundo.

*Afecta*: Los intermediarios tradicionales en el sector inmobiliario, tales como agentes y corredores, pueden verse afectados al reducirse su papel en las transacciones.

### 6. Salud

*Beneficia*: Ethereum puede mejorar la seguridad y la interoperabilidad de los registros médicos, permitiendo un intercambio seguro de datos entre pacientes y facultativos, y mejorando la precisión de los registros médicos.

*Afecta*: Los sistemas de salud que no adopten estas tecnologías pueden quedarse atrás en términos de eficiencia y seguridad de los datos.

### 7. Identidad digital

*Beneficia*: Ethereum ofrece soluciones para la creación de identidades digitales seguras y autónomas, lo que podría ayudar a millones de personas sin acceso a identificación oficial a participar en la economía global.

*Afecta*: Las instituciones que dependen del control centralizado de la identidad deben adaptarse a un sistema más abierto y descentralizado.

Estos son algunos de los sectores que ya se están viendo afectados por esta revolución tecnológica, que quizá no resulta evidente para muchos. De ahí la necesidad de, por lo menos, conocer en qué consisten y qué significan estos conceptos (bitcoin, token, blockchain, etc.) que oímos cada vez con mayor frecuencia, sin que sepamos con exactitud a qué se refieren. Como usuarios, debemos tener al menos nociones, porque su impacto nos irá alcanzando. Y, como profesionales, debemos saber que están ahí, para poder prosperar o siquiera sobrevivir, en nuestras actividades económicas.

# Los tokens

Y, para ir cubriendo huecos en lo que acabamos de contar (es imposible explicarlo todo a la vez), vamos ahora a hablar de los tokens. *Token*; esta es una palabra que suena cada vez más. Somos muchos las que la hemos oído, pero no tantos llegamos a entender qué es en verdad. Así que, para hacerlo lo más fácil posible, digamos que token es en sí mismo una analogía.

Sí, porque *token* se traduce al español como *ficha*. Porque eso es lo que es básicamente. Una unidad a la que se le da un valor arbitrario, que funciona solo en determinadas condiciones.

Imaginemos que estamos en un parque de atracciones. Y en este parque en lugar de pagar con el dinero de curso legal, de forma directa, empleamos fichas (los tokens) con las que podemos montar en las diversas atracciones, adquirir productos o acceder a servicios. Esto es algo que ocurre en el mundo físico; por ejemplo, en las ferias, para subir a los coches de choque, necesitamos fichas que, además de permitirnos usar los vehículos, marcan el tiempo en que estos funcionan.

En el mundo digital los tokens representan valores y derechos. Y pueden servir como medio de intercambio, para compra de productos, o de acceso a servicios. Incluso pueden representar la propiedad de activos, tanto físicos como digitales.

Los tokens, en el mundo digital, son entidades que operan sobre tecnología blockchain. Sí, lo mismo que las criptomonedas. Pero ojo con confundir unos con otras, porque no son lo mismo.

## Tokens y criptomonedas

Entre unos y otras hay una diferencia fundamental. Las criptomonedas –por ejemplo, el bitcoin- están diseñadas para servir como monedas digitales. Han sido concebidas para almacenar valor y servir en las transacciones. Pero los tokens pueden representar además activos, derechos de acceso a servicios, propiedades, etc., como acabamos de decir. Se crean y trabajan, por lo general, sobre plataformas de blockchain ya existentes, como puede ser Ethereum, del que acabamos de hablar. Y existen tokens de distintas clases.

## Tipos de tokens

**Tokens de utilidad (Utility Tokens).** Son algo semejante a llaves que dan acceso a servicios determinados, dentro de un ecosistema digital concreto. Por ejemplo, puede haber tokens que permitan ver contenidos *online*, o votar en decisiones de un colectivo. Estos tokens no se crean necesariamente con intenciones financieras, sino como medios para acceder a servicios determinados.

**Tokens de seguridad (Security Tokens).** Estos se pueden comparar a las acciones de las empresas. Representan la propiedad o una inversión en un proyecto. En este caso, su valor está ligado al éxito y los ingresos que genere el proyecto al que están vinculados. Y estos sí que están sometidos a regulaciones financieras, puesto que se les considera productos de inversión.

**Tokens no fungibles (NFT).** Los NFT, palabra que también a muchos nos suena, han destacado de los demás gracias a su aplicación en el mundo del arte digital. Por tanto, les vamos a destinar un pequeño capítulo aparte.

Y ahora, veamos cómo se crean los tokens, para poder entender cómo funcionan.

## Tokenización

Así es como llamamos al proceso de creación de tokens. Como hemos dicho, se basa en la tecnología blockchain y tiene varios pasos, técnicos y conceptuales, que pueden variar dependiendo del tipo de token (de utilidad, de seguridad o NFT) que vayamos a crear. Veamos los pasos generales, a grandes rasgos.

1. **Definir el propósito y las características del token**

Antes de crear un token, hay que definir su propósito, características y funcionalidades. Esto incluye decidir si el token será un token de utilidad, un token de seguridad, un NFT, o algún otro tipo de token especializado. También es importante determinar las reglas que regirán el token, tales como la cantidad o cómo y cuándo se van a distribuir, así como los derechos o beneficios de quienes los tengan.

2. **Elegir la plataforma de Blockchain**

La mayoría de los tokens se crean en plataformas Blockchain que ya existen y que soportan contratos inteligentes. La más popular es Ethereum, aunque hay otras, tales como *Binance Smart Chain, Polkadot, Tezos, Cardano...*

3. **Desarrollar el contrato inteligente**

El contrato inteligente es el que se ejecuta en la blockchain, y el que define las reglas y capacidades del token. El contrato determina las transacciones, las distribuciones y cualquier otra funcionalidad del token. El contrato inteligente se crea mediante programación, en un lenguaje compatible con la plataforma de Blockchain que se haya elegido previamente.

4. **Desplegar el contrato inteligente en la blockchain**

Cuando ya se ha desarrollado y probado el contrato inteligente, asegurándonos de que no tiene puntos débiles (esto último tanto mediante pruebas internas como auditorías externas), tenemos que desplegarlo en la blockchain. Esto se hace de la forma que ya vimos: mediante una transacción que incruste al contrato inteligente en la blockchain y así llevamos el código del contrato inteligente a la Red, que es donde se va a ejecutar y donde será accesible para los usuarios y las aplicaciones.

### 5. Distribución de tokens

Tras desplegar el contrato inteligente, llega el momento de distribuir los tokens entre los usuarios, mediante métodos que van desde la venta a un sistema de recompensas. Y, en todo caso, esa distribución debe hacerse de acuerdo con las reglas definidas en el contrato inteligente.

### 6. Interfaz de usuario y aplicaciones

Para facilitar la interacción con el token, sobre todo a beneficio de usuarios sin grandes conocimientos técnicos, es importante desarrollar interfaces de usuario amigables y aplicaciones que permitan comprar, vender, transferir y en generar utilizar los tokens de la manera más sencilla posible.

**Una duda. Los tokens, ¿son programas?** No, no lo son. Los contratos inteligentes sí que son programas. Es importante tener esto claro. Los tokens son unidades de valor o activos digitales que se crean, se emiten y se gestionan mediante un contrato inteligente.

## ¿Cómo podemos emplear los tokens?

Ya hemos mencionados algunas de las aplicaciones que tiene esta tecnología. Ahora, vamos a detenernos un poco más en este asunto. Porque los tokens se pueden usar como...

1. **Monedas digitales.** Ciertos tokens pueden servir como monedas digitales. Podemos comprar con ellos bienes y servicios. Estos tokens están diseñados para ser rápidos, seguros y libres de las limitaciones de las monedas tradicionales, tales las fronteras geográficas o las tarifas bancarias.

2. **Representación de activos físicos.** Los tokens pueden representar la propiedad o una parte de un activo físico en el mundo digital. Eso facilita la compraventa sin necesidad de tocar el activo físico. Y esos activos físicos abarcan un abanico de lo más amplio, puesto que va desde propiedades inmobiliarias a las obras de arte, pasando por metales preciosos.

3. **Sistemas de recompensa y lealtad.** Los negocios pueden emitir tokens como parte de sus programas de recompensa o fidelización. Los clientes ganan tokens por realizar compras o participar en ciertas actividades, y los pueden canjear por productos, servicios, descuentos, facilidades, extras, etc.

4. **Financiamiento de proyectos.** Los tokens pueden servir para recaudar fondos con destino a proyectos o la creación de startups. Así, los inversores pueden comprar tokens de un proyecto, en sus inicios, jugando con la posibilidad de que el valor aumente si el proyectos se consolida, desarrolla y crece.

5. **Sistemas de votación y gobernanza.** En algunas comunidades, sean políticas o de proyectos, los tokens pueden dar derechos de voto a quienes los tienen, permitiéndoles tomar parte en las decisiones. Esto es algo que ayuda a desarrollar modelos de gobernanza descentralizada y más democrática.

6. **Acceso a plataformas o servicios.** Algunos tokens son semejantes a pases que dan acceso a plataformas o servicios específicos. Por ejemplo, un token concreto puede servir para participar en una red de computación distribuida o para acceder a contenido exclusivo en una plataforma digital.

7. **Creación y comercio de arte digital.** Los tokens no fungibles (NFT), de los que en seguida hablaremos, han revolucionado el mundo del arte digital, permitiendo la creación, compra, venta y comercio de activos digitales únicos. Cada NFT representa una obra de arte, un coleccionable o cualquier otro elemento único, garantizando su autenticidad y propiedad.

8. **Identidad digital y privacidad.** Los tokens también servir para gestionar identidades digitales de manera segura, permitiendo a los usuarios controlar quién tiene acceso a su información personal y cómo se utiliza. Esto puede aplicarse en diversos contextos, desde la verificación de identidad en línea hasta la gestión de registros médicos.

De cara al futuro, podemos decir que la revolución de los tokens acaba de empezar y está lejos de haber tocado techo en cuanto a sus posibilidades. La innovación tecnológica continua, su expansión en las industrias y la creatividad humanas se conjugan aquí para abrir más y más su campo de acción. A medida que la tecnología blockchain evoluciona, los tokens se hacen cada vez más sofisticados y versátiles, aumentando su capacidad para transformar diferentes sectores económicos y sociales.

Como en todo en la vida, este mundo tiene sus riesgos. Es esencial formarse y obrar con mesura en este campo, sobre todo en áreas tales como los tokens de seguridad o las inversiones. En ese sentido, la creciente integración de la inteligencia artificial con los tokens nos permitirá crear sistemas más eficientes, tanto en los procesos como en la seguridad y privacidad de los datos. También, a medida que las regulaciones se clarifiquen y vayamos hacia estándares globales, habrá un mayor uso institucional de los tokens, lo que dará mayor estabilidad y, por tanto, generará mayor confianza por parte de la población en esta tecnología.

# La minería de bitcoin, también llamada mecanismo de consenso

Ya hemos mencionado varias veces el término *minería*, aplicado al proceso que se sigue para conseguir criptomonedas. Esta es otra palabra que, en este contexto, deja a los profanos en ayunas de conocimiento, preguntándose qué significa y cómo puede ser que la gente consiga criptomoneda por su cuenta. Así que, ya que hemos explicado qué es la blockchain, las criptomonedas en general y el bitcoin en particular, es hora de entrar en este asunto.

Existen varios tipos de minería, que son también conocidos como *Mecanismos de consenso*, y en seguida vamos a entender por qué los llaman así. Para ello, de nuevo, vamos a recurrir a esa herramienta maravillosa que es la analogía.

Imaginemos, en esta ocasión, una carrera de relevos en la que el esfuerzo físico (que en este caso es el equivalente al poder de cómputo de las máquinas de los participantes) es crucial para ganar tal carrera. Los participantes (los mineros) usan sus ordenadores para resolver problemas matemáticos complejos y el primero en resolverlos es el que gana la carrera. La recompensa es en forma de criptomonedas. Este proceso, en el que concurren varios participantes, garantiza la seguridad y la validez.

Y, tras acercarnos al conocimiento básico de cómo funciona, tenemos que decir que las diferentes formas de minería funcionan de manera muy diversa, de la misma forma que los distintos deportes tienen cada uno sus propias reglas. Vamos a conocer algunas de las principales.

## Proof of Work (PoW) o Prueba de trabajo

Sigamos con la analogía de la carrera de relevos. Es una competencia feroz, en la que el primero que consigue llegar a la solución correcta es el que se gana el derecho a añadir un nuevo bloque de transacciones a la blockchain de bitcoin. La recompensa por haber logrado añadir tal bloque consiste en cierta cantidad de bitcoins, que pasan a ser de su propiedad.

Tenemos que recalcar algo que acabamos de decir. Que el proceso no solo crea nuevos bitcoins, sino que también verifica y asegura las transacciones en red, lo que mantiene la integridad y seguridad del sistema.

## Proof of Stake (PoS), Prueba de participación

El poder de computación como base para triunfar en la carrera es válido para *PoW*. En cambio, Proof of Stake (*PoS*) juega según otras reglas, en la que la clave está en la posesión de la criptomoneda.

Imaginemos ahora un sorteo. Aquí, la oportunidad de ganar no depende cuanto esfuerzo físico podamos realizar, sino de cuantos números de la rifa (que en este caso son criptomonedas) posea cada participantes. Porque, en PoS, los usuarios bloquean cierta cantidad de sus criptomonedas, que se convierten en algo así como un «depósito de seguridad». Cuantas más criptomonedas bloquee un participante, mayor será su probabilidad de que le toque el premio. Es decir: de ser el elegido para validar un nuevo bloque de transacciones y, por lo tanto, de recibir recompensas en forma de tarifas de transacción.

¿Cuál es la principal ventaja de esta variante? Que es más eficiente que el PoW y facilita una mayor escalabilidad.

# Delegated Proof of Stake (Dpos), Prueba de Participación Delegada

Esta es una variante del PoS. En este caso, podemos imaginarlo como una elección democrática en una pequeña ciudad, donde los residentes eligen representantes para tomar decisiones importantes en su nombre. En *DPoS*, los poseedores de monedas votan por un número limitado de delegados. Estos delegados, a su vez, son los responsables de validar las transacciones y mantener la seguridad de la red. La idea que hay detrás de DPoS es la de aumentar la eficiencia y la velocidad de las transacciones, reduciendo el número de personas que son necesarias para verificar cada transacción.

## Proof of Authority (PoA), Prueba de autoridad

El Proof of Authority (*PoA*) es otro mecanismo de consenso, pero con un enfoque puesto en la identidad, en lugar de en el poder de cómputo o la posesión de monedas. Imaginemos ahora un club exclusivo donde solo los miembros verificados y de confianza tienen la llave de acceso al mismo. En PoA, las transacciones y los bloques son validados por cuentas pre-aprobadas, a las que se conoce como *autoridades*. Estas autoridades son elegidas gracias a su reputación y credibilidad, lo que reduce de manera significativa la posibilidad de actividades maliciosas dentro de la red. PoA es especialmente útil en aplicaciones donde la transparencia y la seguridad son críticas, y en las que el anonimato no es necesario.

Como vemos, los métodos de minería son diversos, aunque todos tienen como objetivo una meta común. Cada uno cuenta con sus propias desventajas y desafíos, puesto que han de abordar diversos objetivos, que a veces pueden entrar en fricción, tales como garantizar la seguridad, la eficiencia y la escalabilidad de las redes de criptomonedas.

Pero ahora que tenemos una idea de cómo funcionan estas minerías o mecanismos de consenso, vamos a entrar en la cadena de procesos, y lo vamos a hacer con la criptomoneda más antigua y popular, el bitcoin.

## Proceso de creación de un Bitcoin

Hasta ahora no está siendo tan difícil de entender todo esto, ¿verdad? Pero sí tenemos que reconocer que es un asunto complejo, por la cantidad de términos que tenemos que integrar. Vamos a intentarlo, volviendo a aquella antigua analogía de la comunidad de amigos que comparten libros o cartas entre ellos. Y nos vamos a enfocar en el bitcoin y su mecanismo de consenso llamado PoW. Veámoslo paso a paso.

*Paso 1. Transacciones*

Todo comienza con las transacciones. Cuando alguien quiere enviar bitcoins a otra persona, crea una transacción, firmando digitalmente la propiedad de los bitcoins y designando al nuevo propietario. Esta transacción se transmite a todos los nodos de la red Bitcoin.

*Paso 2. Agrupación de Transacciones en un bloque*

Los mineros recogen estas transacciones del conocido como *mempool* (abreviatura de *memory pool*, piscina o conjunto de memoria), que es el conjunto de las transacciones que ya han están verificadas, pero que aún no se han incluido en ninguno de los bloques de la cadena. Y esas transacciones que recogen los mineros se agrupan en un bloque.

*Paso 3: Problema matemático*

Para añadir ese bloque a la blockchain, los mineros deben resolver un problema matemático complejo, que es conocido como *prueba de trabajo* y de ahí el nombre de este método de minería. Este problema requiere que los mineros utilicen el poder de cómputo de sus máquinas para encontrar un número específico (llamado *nonce*) que, al combinarse con los datos del bloque y pasar por una función *hash* criptográfica[2], produce un resultado que cumple con ciertos criterios

---

2 Un tipo especial de algoritmo, que toma una entrada y devuelve una cadena de longitud fija. No vamos a entrar en esto para no perdernos. Baste decir que son criptografías que garantizan un grado muy alto de seguridad.

predefinidos (por ejemplo, un cierto número de ceros al principio).

*Paso 4: Minería y competencia*

Esta minería, como ya hemos dicho, es en esencia una competencia para ver quién resuelve el problema primero. Todos los mineros de la red están trabajando simultáneamente para encontrar la solución, pero solo el primero en hacerlo puede añadir el nuevo bloque a la blockchain. Este proceso garantiza la seguridad de la red, ya que falsificar un bloque requeriría una cantidad inalcanzable de poder de computación para resolver estos problemas matemáticos con mayor rapidez que la red entera, contra la que estaría compitiendo.

*Paso 5: Confirmación del bloque*

Una vez que un minero encuentra la solución, transmite el nuevo bloque a la red. Los demás nodos verifican que la solución es correcta y que todas las transacciones en el bloque son válidas. Si todo es correcto, el bloque se añade a la blockchain. Este bloque pasa a formar parte del registro público y permanente de todas las transacciones de Bitcoin.

*Paso 6: Recompensa*

Como recompensa por su trabajo, el minero que resuelve el problema recibe una cantidad fija de bitcoins. Esta recompensa se reduce a la mitad aproximadamente cada cuatro años en un evento conocido como *halving* y del que ya hablamos. Además de la recompensa de bloque, el minero también recibe las tarifas de transacción asociadas con las transacciones incluidas en el bloque.

*Paso 7: Repetición del proceso*

Este proceso se repite aproximadamente cada 10 minutos, que es el tiempo promedio se tarda en conseguir un nuevo bloque. Con cada nuevo bloque la cadena de bloques se alarga y el registro de transacciones de Bitcoin se actualiza y se hace más seguro.

Así que, en la minería, no es que el minero que consigue la solución se quede con el bloque. El bloque en sí pasa a formar parte de la cadena y lo que consigue el minero son bitcoins. Exactamente igual que el ganador de un concurso de creación cuya recompensa fuera una cantidad en metálico. Este ciclo de pasos constituye la columna verte-bral del funcionamiento de Bitcoin, asegurando tanto la creación de nuevos bitcoins como la verificación y seguridad de las transacciones.

Pero, para asegurarnos que lo hemos entendido, después de co-nocer la mecánica del proceso, vamos a ver cómo funciona desde el punto de vista de los mineros que, como es lógico, han de ser varios. Por eso se llama mecanismo de consenso. Y vamos a seguir con la analogía de los amigos que intercambian libros.

Imaginemos en esta ocasión un grupo de amigos que deciden compartir libros entre ellos usando el mismo proceso que la creación de bitcoins. Solo que ellos, en lugar de minar criptomonedas, minan el derecho a obtener libros. Partiendo de esta premisa, podemos repre-sentar el proceso de minería de la siguiente forma.

*Paso 1. Solicitud de intercambio*

Todo comienza con un amigo tratando de compartir un libro con otro. Esta acción es semejante a una transacción en Bitcoin. El amigo *trasmite* su deseo de compartir un libro a todo el grupo, indi-cando qué libro quiere compartir y con quién.

*Paso 2. Registro de solicitudes*

Estas solicitudes de intercambio se agrupan en una *lista de es-pera* que sería el equivalente a un bloque en la blockchain. Esta lista contiene todas las solicitudes de compartir libros que aún no se han procesado o *confirmado* por parte del grupo.

*Paso 3. Resolver un acertijo*

Para que una solicitud de intercambio de libros sea confirmada y añadida al «registro comunitario» (un equivalente a la blockchain), los amigos deben resolver un acertijo o tarea, simulando el proceso de prueba de trabajo en la minería de Bitcoin. Esto podría ser algo pare-cido organizar un evento de lectura comunitaria o escribir una reseña del libro que desean compartir.

*Paso 4. Competencia amistosa*

Todos los amigos participan en esta tarea, compitiendo de ma-nera amistosa para ser el primero en resolver el acertijo. El primero que lo logra, gana el derecho a añadir su solicitud de intercambio al registro comunitario, asegurándose así de que su acción de compartir el libro sea reconocida por todos.

*Paso 5. Confirmación de intercambio*

Una vez que el acertijo se ha resuelto y la solicitud de intercambio está presentada a la comunidad, los demás amigos revisan y confirman que la tarea se completó de manera satisfactoria. Si todo está en orden, la solicitud de intercambio se *confirma* y se añade al registro comunitario de intercambios de libros.

*Paso 6. Recompensa*

Como recompensa por su esfuerzo a la hora de resolver el acertijo y contribuir a la comunidad, el amigo no solo consigue compartir su libro, sino que también recibe algún tipo de reconocimiento o recompensa por parte del resto del grupo, como por ejemplo, prioridad en futuros intercambios de libros o una pequeña fiesta en su honor.

*Paso 7. Repetición del proceso*

Este proceso se repite cada vez que un amigo quiere compartir un libro, asegurando que todos los intercambios sean justos, verificados y reconocidos por toda la comunidad. Con cada nuevo *bloque* de solicitudes confirmadas, la cadena de intercambios de libros crece, fortaleciendo la comunidad y el compartir entre amigos.

No es tan difícil cuando se ve de esta manera, ¿verdad? Ahora podemos volver sobre el proceso descrito con anterioridad con una aproximación más técnica y verlo con otros ojos. Y entender que la esencia de la minería de bitcoins es el trabajo colectivo, la verificación y la obtención de recompensas.

# Y más criptomonedas…

Hay muchas criptomonedas y algunas ofrecen soluciones muy importantes al ecosistema de la blockchain, en tanto que otras son irrelevantes, y hay unas cuantas que son verdaderas locuras y algunas que otras simples estafas. Hemos querido comentaros algunas de las más destacadas, para dar una panorámica algo más completa de este mundo. Si no os interesa conocer sobre las criptomonedas, más allá de comprender qué son y cómo funcionan, podéis saltar con total tranquilidad al siguiente capítulo. De lo contrario, aquí van algunas:

## Cardano (ADA)

Charles Hoskinson, uno de los cofundadores de Ethereum, participó en la creación de Cardano. Nació, de hecho, como alternativa a Ethereum, buscando construir una blockchain más sostenible y escalable. Algunas de sus características son:

1. Prueba de participación Ouroboros. Cardano usa un mecanismo de consenso PoS (Prueba de Participación) que es más eficiente energéticamente que el PoW (mecanismo de prueba de trabajo) de Ethereum. Este, a su vez, como ya mencionamos, está en transición al 2.0, buscando justo esa mayor eficiencia también.

2. Escalabilidad y sostenibilidad. Porque se centra en la investigación en el desarrollo *peer-reviewed*. Y este último es un

proceso de evaluación, llevado a cabo por expertos, de la calidad, validez y relevancia de trabajos académicos y de investigación, antes de que se publique o acepten.

## Polkadot (DOT)

Polkadot la creó Gavin Wood, otro cofundador de Ethereum. Polkadot propone una arquitectura de blockchain multi-cadena que puede conectar diferentes cadenas en un único ecosistema. Se caracteriza por:

1. Interoperabilidad. Porque su diseño permite la transferencia de cualquier tipo de datos o activos, y no solo tokens, entre blockchains.
2. Escalabilidad: Permite la ejecución de transacciones en paralelo mediante cadenas paralelas (parachains), lo que aumenta su capacidad de procesamiento.

## Tether (USDT)

USDT es una *stablecoin* cuyo valor está anclado al del dólar estadounidense. Sin embargo, se ejecuta en varias blockchains, incluida Ethereum.

Su gran ventaja está en la estabilidad de precio, pues 1USDT = 1USD, detalle que hace a esta criptomoneda ideal para transacciones y almacenamiento de valor, sin preocuparse de la volatilidad típica de otras criptomonedas como Ethereum.

## XRP

XRP es la criptomoneda nativa de Ripple, que es una plataforma diseñada para envío de transacciones rápido y económico. Tal velocidad y su bajo coste la convierten en potencialmente superior a Ethereum para pagos internacionales. Podría ser una de las criptomonedas destinadas a jugar un papel importante en las operaciones bancarias globales, a nivel mayorista.

## Chainlink (LINK)

Chainlink proporciona datos del mundo real a blockchains, permitiendo así que los contratos inteligentes operen con información externa de manera segura. Puede operar con multitud de blockchains, pero tiene una gran relación con Ethereum, pues se desarrolló de manera inicial en la red de esa criptomoneda.

Su gran ventaja reside en esa capacidad de suministrar datos externos, puesto que las blockchains, por sí mismas, no pueden hacer algo así, debido a su naturaleza cerrada. Y esa capacidad hace que Chainlink, además, pueda facilitar la interoperabilidad entre distintas blockchain. Algo que aumenta las capacidad y aplicaciones posibles de estas tecnologías. Otra de sus ventajas es que no compite, sino que complementa y amplia las capacidades de otras blockchain.

Podríamos seguir y seguir. Solo hemos dado unos pocos ejemplos de lo que son ya miles de criptomonedas. Basta para comprender que cada una de ellas se desarrolló con diferentes objetivos. Sin embargo, no podemos quedarnos aquí y no comentar cierta categoría de criptomonedas, verdaderamente curiosas. Estamos hablando de las Memecoins.

## ¿Las memecoins? ¿En serio existe eso?

Pues sí. Una *memecoin* es un tipo de criptomoneda que se inspira en memes[3] que circulan por internet, en chistes o en temas de la cultura popular. A diferencia de las criptomonedas tradicionales, como Bitcoin o Ethereum, que se crearon con propósitos tecnológicos o financieros concretos (tales como la búsqueda de una escalabilidad

---

3 La Cultura Meme de Internet consiste en la creación y la circulación de imágenes, vídeos, textos que se hacen virales. Sus objetivos pueden ir desde el simple entretenimiento, la broma a la sátira, y también servir a la propaganda política.

o de soluciones para contratos inteligentes), las memecoins suelen carecer de un proyecto con un objetivo claro o serio que justifique su creación. Pero eso no significa que algunas de estas criptomonedas no hayan ganado en popularidad y alcanzado buenas valoraciones de mercado.

Así que, por eso, merece la pena conocer que existen y mencionar algunas de sus características principales.

**Comunidad y cultura.** Porque las memecoins suelen contar con comunidades activas en redes en redes sociales de Internet. Estas comunidades impulsan la popularidad de la criptomoneda en cuestión y, a menudo, el valor de mercado de la misma.

**Volatilidad.** Debido a su naturaleza especulativa y a la falta de fundamentos sólidos, el valor de las memecoins puede ser muy volátil. Pueden dar ganancias muy rápidas y también pérdidas fulgurantes.

En tal sentido, el valor de las memecoins puede subir de forma dramática gracias a algún suceso viral, como el tweet de una celebridad o la repentina atención mediática. Pero, pasada esa ola, lo normal es una drástica caída de su valor.

**Proyectos de nicho.** Aunque la mayoría de las memecoins carecen de un propósito definido, algunas intentan pivotar hacia proyectos concretos o encontrar nichos específicos, dentro del ecosistema cripto, en los que puedan aportar valor.

Y, para ejemplificar esta periferia de las criptomonedas, veamos algunas de las más conocidas.

Dogecoin (*DOGE*). Nació en 2013, inspirada en los perros Shiba Inu[4], como una sátira de las criptomonedas. Pero, lo que empezó como una broma, acabó siendo un medio útil para dar propinas *online* y hacer donaciones benéficas. Su simplicidad y el bajo coste de las transacciones ayudan a ello.

Shiba Inu (*SHIB*). Esta surgió en el 2020 y también inspirada en el perro Shiba Inu, habiéndose ganado el apodo de «el asesino de Dogecoin». A diferencia de Dogecoin, Shiba Inu se construye en la

---

4 Raza de perros originaria de Japón y con cierto parecido a los zorros.

blockchain de Ethereum. Eso permite la creación de NFTs y la participación en las finanzas descentralizadas (DeFi).

Pepecoin (**PEPE**). Esta se inspiró en *Pepe The Frog*[5], que es un personaje popular en Internet. Y, en algún momento, al ganar en popularidad, la renombraron como *Memetic*, puede que para reflejar un enfoque más amplio o para alejarse de ciertas connotaciones negativas de su primitivo nombre. Al igual que ocurre con otras memecoins, la fuerza de PepeCoin/Memetic está en su comunidad *online*. En cuanto a su valor práctico, aunque es limitado respecto a otras criptomonedas, se usa, dentro de su comunidad, para dar propinas, hacer micropagos y como forma de participación en la cultura digital.

Y de las bromas se puede pasar ya al campo de las estafas en criptomonedas, de modo que vamos a verlas en el siguiente capítulo, porque, aunque sea a nivel de cultura general, merece la pena tener en cuenta su existencia.

---

5 Pepe The Frog es un personaje de la serie de cómics Boy's Club de Matt Furie, que fue adoptado por la cultura meme de Internet. Las connotaciones negativas a las que se alude se deben a que acabó siendo instrumentalizado por grupos extremistas para difundir con su imagen mensajes de odio.

# Estafas con criptomonedas y criptomonedas estafa

Sí, amigos (podemos ya, a estas alturas, tratarnos con un poco más de confianza, ¿no?). El mundo de las criptomonedas, al ser bastante nuevo, cambiante y muy tecnológico, es campo abonado para los estafadores que buscan aprovecharse de los inversores novatos, poco informados o incautos. Y nosotros, los autores, lo mismo que ya os hemos comentado los peros —y no solo los pros— de las tecnologías que os vamos mostrando, tenemos que advertiros de todo esto.

Así que, aquí, vamos ahora a describir algunos ejemplos de estafas comunes en el ecosistema cripto y también cómo podemos defendernos de ellas.

### Estafas de Phishing

*Estafa*: Los estafadores utilizan correos electrónicos, mensajes de texto o sitios web falsificados para hacerse pasar por servicios legítimos de criptomonedas y robar tus credenciales o fondos.

*Defensa*: Nunca hagáis clic en enlaces o descarguéis archivos de fuentes desconocidas. Verificad siempre las URLs de los sitios web y aseguraos de estar en el sitio oficial antes de dar datos sensibles.

### Esquemas Ponzi y de Pirámide

*Estafa*: Prometen altos retornos de inversión en corto tiempo, pero dependen de atraer constantemente a nuevos inversores para pagar a los anteriores y todo acaba por derrumbarse. Es más conocido de estos sistemas fue el que creo Madoff. Vamos, que es la típica estafa piramidal trasplantada a la Red.

*Defensa*: Debemos desconfiar siempre de cualquier inversión que prometa retornos muy altos en poco tiempo. Informaos a fondo sobre cualquier proyecto antes de invertir.

### Pump and Dump (Inflar y Desplomar)

*Estafa*: Un grupo de inversores infla artificialmente el precio de una criptomoneda a través de recomendaciones exageradas, para luego vender masivamente y sacar provecho de ese alza artificial, provocando una caída del precio que provoca pérdidas a los confiados que compraron.

*Defensa*: Evitemos tomar decisiones de inversión basadas en consejos promocionales o «alertas de inversión» sin verificar. Investigad y comprended el valor real que hay detrás de cualquier criptomoneda, antes de arriesgar el dinero en la misma.

### Ofertas Iniciales de Monedas (ICO) fraudulentas

*Estafa*: Las ICO permiten a los proyectos recaudar fondos vendiendo tokens. Algunas ICOs pueden ser fraudulentas, ofreciendo proyectos sin base sólida o incluso inexistentes.

*Defensa*: De nuevo, la mejor protección es informarnos a fondo, en este caso sobre el equipo que hay detrás del proyecto, y buscar opiniones de expertos o análisis independientes antes de participar en una ICO.

### Malware y Ransomware

*Estafa*: Es *software* malicioso, diseñado para infiltrarse en tu dispositivo y robar tus claves privadas o bloquear el acceso a tus archivos hasta que pagues un rescate, generalmente en criptomonedas.

*Defensa*: Utiliza *software* antivirus actualizado, mantén tus sistemas operativos y aplicaciones al día, y evita descargar archivos o abrir enlaces de fuentes no confiables.

Estas son solo algunas de las muchas estafas que se dan en el mundo de las criptomonedas y, en general, en Internet. Pero aparecen nuevas formas continuamente. Por eso, es bueno seguir estos consejos generales que ahora te damos. Si los aplicáis, no osaremos decir que os haréis invulnerables, pero sí que vuestras defensas contra esos delincuentes se harán mucho más fuertes:

**Educación.** Sí, porque la mejor defensa contra las estafas es formarse. Aprended todo lo que podáis sobre cómo funciona la tecnología Blockchain y las criptomonedas.

**Carteras y seguridad.** Utilizad carteras de hardware o carteras de papel para almacenar grandes cantidades de criptomonedas fuera de línea. Usad autenticación de dos factores (2FA) siempre que sea posible.

**Verificación y Diligencia Debida.** Verificad la legitimidad de cualquier proyecto o plataforma antes de invertir. Buscad revisiones, discusiones en foros de criptomonedas y estad atentos a cualquier señal de alerta sobre el proyecto.

Recordad siempre que si algo suena demasiado bueno para ser verdad, es que probablemente os están dando gato por liebre. *La precaución y la información son las mejores armas contra los delincuentes* en el mundo de las criptomonedas. Y, llegados a este punto, vamos a comentar sobre una estafa muy extendida, en la que muchos han picado, y que tiene distintas variantes.

Os proponen invertir cierta cantidad de dinero, una pequeña, entre 250 y 400 dólares, con la promesa de una rentabilidad monstruosa. Al ser poco dinero, muchos aceptan y envían en dinero. La mayor parte de las veces, los estafadores piden esa suma mediante una transacción de blockchain.

A los pocos días escriben al estafado para informarles de que ya se han producido los beneficios, y que estos ascienden a una cantidad mucho mayor que la invertida. Por ejemplo, 5.000 euros. Nada menos. E indican que es preciso enviarle el dinero en menos de 48 horas, debido a regulaciones legales o cualquier otra excusa.

Ya está todo el engaño listo: una gran suma disponible y urgencia para efectuar la operación, so pena de perder ese dinero. Y, cuando el timado acepta, por supuesto, llega el tercer paso. Porque le avisan de que ellos deben depositarlo en la Hacienda correspondiente y, claro, antes de enviar a la víctima el dinero, necesitan cuidarse las espaldas. Por eso requieren que este último les envíe los impuestos, que son, por ejemplo, el 25% sobre lo ganado. Es decir, unos 1.250 euros.

Si la víctima pica y envía a los timadores esa suma, esperará luego en vano que le manden el dinero de los supuestos beneficios. Escribirá o llamará, y le darán largas. Y, para redondear el timo, tiempo después, recibirá un mensaje de los (supuestos) abogados de un grupo de afectados por la estafa. Los supuestos abogados le pedirán unos 1.000 euros para incorporarle en la demanda colectiva de los afectados, que está a punto de llegar a los juzgados.

Todo es un timo sobre una estafa. La víctima no recuperará ni sus 250 iniciales, ni los 1.250 posteriores, ni los últimos 1.000 euros. Habrá sido víctima de un fraude y, muchas veces, ni siquiera dará pasos legales o lo comentará con nadie, por miedo a pasar por idiota. Por desgracia, es algo que ocurre demasiado a menudo.

Otro caso de estafa puede ser que, para ayudarnos a hacer la transferencia de criptomonedas, si es que no sabemos mucho de ese mundo y sus procedimientos, alguien se brinde a entrar en nuestro ordenador para ayudarnos a ello. Y, por supuesto, una vez que ha entrado en nuestra máquina, ya podéis imaginar que hace ahí dentro de todo, desde transferencias a apoderarse de nuestras claves. Así que mucho cuidado, sobre todo cuando empezáis en este mundo. Vayamos con pies de plomo, ganemos en conocimiento e invirtamos solo en aquello que conocemos.

Cuando se inicia uno en algo, está aprendiendo o invirtiendo al comienzo, puede gastar o perder dinero. Eso es normal. Es parte del juego. Pero las estafas son otra cosa, porque, además de la merma económica, muchas veces se produce un daño moral o emocional del que en ocasiones es más difícil recuperarse que del económico.

Así que preveníos usando la vacuna adecuada que, en este caso concreto, no es otra que andar con cuidado.

# Un intermedio:
# Las API y la Capa II

Es el momento de pararnos en otros términos más, que muchos oímos y pocos acabamos de entender, si somos lego, y también en una definición que no todos han escuchado nunca, pero que es crucial en lo que, paso a paso, estamos contando.

Lo primero son...

## Las API

Cuando visitamos diversas páginas web que ofrecen servicios, suelen tener una pestaña en la que pone *Precios* o *Tarifas*. Así, en plural. Porque es ahí donde nos ofrecen diversas opciones de pago que, a su vez, dan acceso a más o menos funcionalidades. Cuanto más alta es la cuota, más funcionalidades.

En muchas suele haber un nivel básico, a veces incluso gratuito, con posibilidades limitadas, que sirve sobre todo de gancho, para que comprobemos las bondades de lo que se nos ofrece.

Y, a partir de cierto nivel, suele haber una funcionalidad que es la de «Acceso a la API». Y, a los usuarios de a pie, eso de la API no nos suena de nada. Es un término misterioso, un palabro técnico más, que no sabemos qué es ni para qué puede servir. Pero debe ser importante, ya que solo se tiene si eliges las opciones de pago.

Y lo es. Es importante. Hay que saber qué son y para qué sirven las API. Así que, una vez más, vamos a echar mano de nuevo a nuestras queridas y tan útiles analogías.

Así que vamos a suponer ahora que estamos en un restaurante, sentados a la mesa, y que hemos consultado ya la carta. Así que llamamos a un camarero, al que decimos lo que queremos. Y él se va a la cocina con la comanda. Allí, los cocineros preparan los platos que hemos pedido. Y, entonces, el camarero regresa con esa comida.

Por tanto, podemos decir que el camarero es el intermediario entre el cliente (nosotros) y el proveedor de servicios (que es la cocina, donde preparan la comida).

Pues bien. En el mundo tecnológico, las API son esos intermediarios entre el cliente (nosotros) y el proveedor de servicios (tecnológicos en este caso). Porque API es el acrónimo de *Application Programming Interface*. Interfaces de Programación de Aplicaciones. Y no son más que un conjunto de reglas y definiciones que permiten que dos aplicaciones de software se comuniquen entre ellas, de la misma forma que un camarero facilita la comunicación entre el cliente y la cocina.

Salgamos ahora de la analogía para dar un ejemplo.

Cuando usamos una app en el teléfono móvil, por ejemplo para consultar qué clima hará, se dan los siguientes pasos:

1. Esa app envía una solicitud a un servidor remoto (externo al propio móvil) y lo hace a través de una API.

2. La API interpreta la solicitud e informa al servidor de lo que necesitas.

3. El servidor procesa el pedido (en este caso busca y suministra los datos meteorológicos) y envía la información a nuestra app, de nuevo a través de la API.

4. La app nos muestra qué clima hará en la pantalla de móvil.

El proceso es básicamente igual con cualquier aplicación tecnológica. Por eso las API son tan importantes. Podemos decir que son herramientas esenciales en el mundo digital, puesto que:

1. Permiten la integración: Al facilitar que diferentes sistemas y

aplicaciones trabajen juntos, compartiendo datos y funcionalidades de manera eficiente.

2. Simplifican el diseño y la programación: Los desarrolladores pueden agregar funciones complejas a sus aplicaciones de forma sencilla, sin tener que escribir todo el código desde cero.

3. Ayudan a la innovación: Al proporcionar bloques de construcción estándar, las API permiten a los desarrolladores centrarse en crear nuevas ideas y mejorar la experiencia del usuario.

Por tanto, las API hacen que la tecnología sea más accesible para los usuarios, y más versátil y poderosa para los desarrolladores. Permiten sinergias entre diferentes plataformas y servicios. Y nosotros, como usuarios, debemos al menos saber qué son y para qué sirven, sin entrar en complejidades. Porque esto nos permite comprender su utilidad y por tanto, incluso comprender lo mucho que nos pueden servir en nuestra vida, tanto en el ocio como en los negocios.

Y, una vez que hemos comprendido (esperamos) qué son las API, vamos con la Capa II, que no es que tenga relación directa con las API. Pero lo mismo que estas ponen en contacto a los clientes con los servicios, la Capa II se construye sobre la Capa I. Y calma, que en seguida vamos a explicarlo todo.

# Y la Segunda Capa o Capa II

Hemos estado explicando qué es la blockchain, los tokens, las criptomonedas. Todo eso forma lo que se llama la Capa I. Tecnologías innovadoras, relacionadas entre ellas, o derivadas unas de otras, que ofrecen posibilidades de transacciones y propiedad seguras, descentralizadas y demás cualidades de las que hemos hablado.

Y si se habla de una Capa I es porque existe otra llamada Capa II, que la forman otras blockchain que mejoran (o pretenden mejorar) la Capa I. Por recurrir esta vez a una analogía, si la Capa I fuera toda la tecnología de los sistemas de telefonía, con repetidores y cableados de calles, la Capa II sería entonces la Red 5G, el WiFi, el Bluetooth, etc. Sobre estos segundos sistemas pueden funcionar dispositivos que irían desde teléfonos sencillos a smartphones de última generación.

En el caso de las Capas I y II, estamos hablando de aplicaciones (de lo más sencillas a lo muy avanzadas) que utilizan, a la vez, las funcionalidades de la Capa I a nivel básico y de la Capa II a nivel más avanzado.

Por centrarnos en el caso de Bitcoin, ocurre que su propia red soporta un volumen relativamente pequeño de transacciones por segundo. Eso ha hecho que, en momentos de uso masivo, en el pasado, se han llegado a producir congestiones importantes en las transacciones, así como un coste elevado por transacción, en esos momentos de congestión.

La mejora a ese problema de Bitcoin (la Capa II) fue *Lighting Network*, que es una red sobre Bitcoin que permite realizar un volumen mucho mayor de transacciones, a costes muy reducidos.

Pero la Capa II más famosa y que primero se desarrolló fue sobre Ethereum y no por casualidad. En su día, Ethereum sufrió un colapso en sus transacciones, con elevación considerable del coste de las mismas, debido a un incremento exponencial de dichas transacciones. Eso se debió a juegos operando en el método llamado Play 2 Earn (en el que se ganan criptomonedas por jugar), que llevaron a un colapso en el que, a veces, una transacción por valor de 50 dólares podía llegar a tener un coste de otros tantos 50 dólares.

Para tratar de solucionar un disparate así, un grupo de desarrolladores de origen indio lanzaron *Polygon*, que es una Capa II de Ethereum, que ofreció una optimización de tal calibre que consiguió que llevar a cabo miles de transacciones por segundo costase unos pocos céntimos.

Y, explicado por encima qué es y para qué sirve la Capa II, vamos a comentar algunos de esos *Palabros 3.0* que oímos a veces, cada vez con más frecuencia, sin saber muy bien qué significan.

# Los contratos inteligentes (Smart Contracts)

Así que vamos a empezar con una de las estrellas de la Capa I, a la que se ha conseguido hacer evolucionar de forma importante gracias las Capas II. Estamos hablando de los *contratos inteligentes*. Ya nos los hemos encontrado a lo largo de este libro en más de una ocasión. Pero ahora ya vamos a detenernos un poco más en detalle en ellos. Porque los contratos inteligentes, como ya hemos ido contando, son una de las innovaciones más reseñables que han nacido gracias a la tecnología blockchain. Son una evolución radical en la forma en que vamos a poder realizar los acuerdos y también en cómo se garantizará que tales acuerdos se lleven a cabo según lo que todos hayamos firmado.

Para no complicarnos, digamos que son programas que se ejecutan de forma autónoma en una blockchain, cuando se cumplen las condiciones que se habían pactado. Y eso elimina tanto cualquier posible discusión como la necesidad de intermediarios tradicionales, desde los notarios a los bancos.

En realidad, la idea de los contratos inteligentes es muy anterior a la blockchain. Fue Nick Szabo, que es un experto en criptografía y jurista, el que imaginó la posibilidad de que los contratos se ejecutasen de forma automática, mediante el uso de protocolos informáticos. Algo que facilitaría que los acuerdos se llevasen a cabo de manera eficiente y segura. Y eso fue en el año 1994, nada menos.

Casi 20 años después, con la aparición de Ethereum, en 2015, los contratos inteligentes comenzaron a ser posibles. Porque Ethereum proporcionó por fin una plataforma que hacía posible que los desarrolladores creasen contratos inteligentes en un entorno descentralizado. Y eso abrió todo el espectro de posibilidades para automatizar multitud de procesos y transacciones (desde financieros a legales) sin tener que recurrir a terceros.

Ya sabemos qué son los contratos inteligentes, pero…

## ¿Cómo funcionan los contratos inteligentes?

Los contratos inteligentes operan a través de un conjunto de reglas y condiciones codificadas que los participantes en el acuerdo han establecido de antemano. Tales reglas y condiciones se escriben en un lenguaje de programación compatible con la blockchain en la que se instala el contrato inteligente. Y, una vez que el contrato inteligente se instala en la blockchain, ejecuta las acciones que se han acordado de forma automática, sin la intervención de nadie, cada vez que se detecta que las condiciones establecidas se han cumplido. Esto se puede aplicar multitud de posibles acciones, desde una transferencia de dinero a la emisión de un documento legal, por dar solo dos ejemplos.

Que, cuando se dan las condiciones se ejecute la acción acordada, de forma automática y sin intervención de terceros, garantiza a las partes firmantes del contrato que las obligaciones acordadas se van a cumplir de manera precisa y en fecha, ya que las transacciones solo se procesan si se cumplen las condiciones que se han especificado. Maravilloso, ¿no? Se acabaron las demoras y las discusiones. Porque, además, una vez que un contrato inteligente se ejecuta, su resultado no puede revertirse. Queda registrado en la cadena, lo que da una garantía adicional de seguridad y transparencia.

## ¿Y en qué campos podemos usar esto?

En muchos, como acabamos de decir. El límite de nuevo está en la imaginación. Los contratos inteligentes pueden llegar a revolucionar por completo una multitud de sectores financieros, intelectuales, administrativos, cadenas de distribución, negocios inmobiliarios... Ofrecen una manera rápida, segura y económica de verificar y ejecutar acuerdos prefijados. Por poner un ejemplo, en el ámbito de las finanzas descentralizadas (DeFi), gracias a los contratos inteligentes, se realizan préstamos y se contratan seguros y productos financieros sin necesidad de recurrir a los bancos tradicionales.

Sin embargo, como en otros capítulos, tenemos que hablar también de los problemas y posibles puntos negros que esta tecnología presenta. Porque la precisión en la codificación de un contrato es un punto crítico, puesto que posibles errores en el código pueden causar resultados no deseados. La interpretación literal de los acuerdos legales no siempre se ajusta a la complejidad y los matices que están presentes en los acuerdos legales y tradicionales. Y eso plantea incógnitas sobre hasta qué punto los contratos inteligentes se pueden aplicar en ciertos contextos legales. Aunque no nos alarmemos. Todo necesita su tiempo y sin duda, poco a poco, lograremos corregir estos problemas.

En resumen y una vez más, como usuarios o como emprendedores, debemos saber al menos las bases de cómo funcionan los contratos inteligentes. Porque son una herramienta innovadora para automatizar y asegurar la ejecución de acuerdos en un entorno digital, para asegurar la eficiencia, la transparencia y la seguridad de las transacciones.

Y esto no queda aquí. Porque, a medida que la tecnología blockchain vaya madurando, sin duda veremos más y más aplicaciones de los contratos inteligentes en los más diversos sectores.

# Los NFT

Los *NFT* (Tokens No Fungibles), son otra de esas muchas palabras que ruedan cada vez más, que oímos cada vez con mayor frecuencia, sobre todo si uno se mueve en ciertos ámbitos culturales. Y, sin embargo, su significado se le escapa a muchos. Los artistas y creadores jóvenes lo conocen mucho más. Pero, en cambio, muchos de los veteranos lo ignoran todo sobre los NFT, e igual ocurre con los «consumidores de cultura». Y, al desconocer qué son, están dejando escapar oportunidades que, si a día de hoy ya son importantes, van a irse haciendo mayores con el paso del tiempo. Por eso hemos querido dedicar a los NFT un capítulo aparte, para tratar de ayudar a remediar este desconocimiento lamentable.

Aunque acabamos de hablar sobre ellos, vamos a recordar que los tokens son algo así como fichas digitales. Unidades de valor que pueden servir para distintos fines, desde transacción a prueba de propiedad de bienes materiales o inmateriales. También que los tokens se crean en cadenas blockchain, cosa que asegura la autenticidad y la seguridad de los datos sin necesidad de que intervenga ninguna autoridad central.

Y, habiendo refrescado esto, cosa que nunca está de más, vamos con los Tokens No Fungibles. Y...

## ¿Qué significa No Fungible?

El diccionario de la RAE define la palabra *fungible* como algo que se consume con el uso. En este caso, fungible también se refiere a bienes o activos que son intercambiables, por tener ambos el mismo valor. En este segundo sentido, el dinero es fungible: nosotros podemos cambiar un billete de 10 euros por otro de 10 euros sin pérdida ni ganancia, porque los dos tienen el mismo valor.

Los NFT son *no fungibles* porque cada uno de estos tokens es único y no se puede gastar (fungible viene del latín *fungis*, gastar) en adquirir otro (intercambiar) en paridad. Esa es su esencia: que cada NFT tiene características únicas que lo diferencian del resto. Y esa condición de singular es lo que le da valor.

Los NFT pueden representar cualquier tipo de bien o activo digital único, tales como obras de arte, música, juegos, coleccionables, etc. De ahí que sean de especial aplicación en el mundo de la creación y las artes. Cuando compramos o vendemos un NFT, lo que de verdad estamos trasmitiendo es la propiedad de un certificado digital de autenticidad que queda almacenado en la blockchain. Este certificado atestigua no solo quién es el creador del bien digital, sino también su propietario actual, lo que asegura la autenticidad y la exclusividad de tal bien.

Una vez que hemos entendido esto, ya es fácil de comprender por qué los NFT crecen en popularidad. Son una forma totalmente nueva con la que los creadores digitales pueden rentabilizar su trabajo. Antes de que existieran NFT, a los creadores y artistas digitales les era muy difícil proteger su propiedad intelectual y, por tanto, ganar el dinero que legítimamente les pertenece. El problema era la facilidad con la que el contenido digital se puede copiar y distribuir por internet.

De momento, es imposible impedir las copias ilegales y su distribución en la Red. Pero los NFT, al menos, proporcionan una manera segura de demostrar la propiedad y la autenticidad de un bien digital original. Original es la clave. La obra inicial se certifica que lo es mediante NFT, y eso es lo que le da valor. Y a la vez permite a los creadores y los artistas vender esas obras digitales originales de forma directa, eliminando intermediarios.

Como en otras tecnologías sobre las que hemos hablado ya, estamos en la obligación de contar que no todo es positivo en los NFT. La tecnología blockchain causa preocupación por su impacto ambiental, como ya hemos dicho, debido al elevado consumo energético que requiere. Y, los NFT son parte de todo eso.

Y, además, es cierto que han aparecido corrientes especulativas en el mercado de los NFT. Los precios de ciertos bienes digitales, en no pocos casos, se han disparado hasta cifras a veces astronómicas, sin que la calidad artística u otro factor puedan justificar cómo es posible que hayan alcanzado tales valores, a no ser que haya detrás especuladores manipulando el mercado. Pero, por otra parte, ¿acaso eso no ocurre también en el mercado de arte físico?

Además, tenemos un problema con las falsificaciones. Sí. Falsificaciones. Pero no de los NFT en sí, que ofrecen una muy alta fiabilidad. Sin embargo, ocurre que se han dado casos de particulares y empresas que han tomado una copia de una creación digital y, justamente mediante NFT, han hecho pasar esa copia como obra propia y original. Sin embargo y de nuevo, ¿acaso no ocurre lo mismo con el mercado de arte físico, donde se producen falsificaciones y se certifican por expertos poco escrupulosos?

Nada es perfecto. No obstante, a pesar de todos los pesares, los NFT están impactando en el mundo digital, sobre todo en el artístico y creativo. Han cambiado las reglas tradicionales de la propiedad, el arte y el coleccionismo, y abren nuevos campos a la interacción entre tecnología, finanzas y creatividad. Por supuesto, los NFT continuarán evolucionando, resolviendo o paliando los problemas antes dichos, al tiempo que desarrollan todo su potencial, con utilidades que aún están por descubrir.

# DeFi (Decentraliced Finances o Finanzas Descentralizadas)

Vamos ya con palabras mayores, porque comenzamos a adentrarnos en el territorio financiero en Red. Y lo hacemos con la DeFi, las Finanzas Descentralizadas. Esto intimida, ¿no? Es lógico, porque todo lo que tiene que ver con la mezcla de Internet y Dinero nos causa cierta comezón. Por una parte nos llama la atención, pero por otro asumimos que es un terreno que no conocemos, y nos embarga el temor a que sea un campo minado en el que, de meternos, salgamos desplumados.

Es verdad que muchos optimistas y/o incautos han perdido mucho dinero en estos asuntos. Pero, si logramos librarnos del desconocimiento, lograremos convertir el temor en prudencia. Y la prudencia nunca está de más.

Así que, con la ayuda de una analogía (una vez más) intentaremos disipar las nieblas de la ignorancia sobre qué son las Finanzas Descentralizadas. Las DeFi.

Supongamos que entramos en un banco del futuro, tal como lo imaginaría una vieja película de ciencia ficción. En ese banco del futuro, ya no hay empleados humanos. En su lugar, encontramos robots y sistemas automatizados. Pero no es eso lo que haría a ese banco del futuro distinto. No. Sería que operaría en el mundo digital y que sería accesible a cualquiera que tuviese una conexión a Internet.

Pues bien. Ese mundo financiero en la Red sería el de las Finanzas Descentralizadas. El mundo de las DeFi.

## Y ¿qué encontraríamos en ese mundo DeFi?

De entrada, **el equivalente a Cajeros Automáticos** (*ATM*), que permiten **Intercambios Descentralizados** (*DEX*).

En un banco tradicional, podemos usar los cajeros automáticos para ingresar o retirar dinero. En DeFi, el equivalente a los cajeros automáticos son los intercambios descentralizados, llamados DEX (*Decentraliced Exchanges*), gracias a los cuales podemos intercambiar criptomonedas sin necesidad de intermediarios.

El equivalente aquí de los empleados robots son los algoritmos que aseguran que encontremos una contraparte con la que realizar esa operación de cambio, y que hacen que el proceso sea eficiente y seguro.

También **Préstamos y Ahorros**, gestionados por los **Protocolos de Préstamo**.

Aquellos que alguna vez han solicitado un préstamo, o abierto una cuenta de ahorros, saben que el banco utiliza el dinero que les depositan los ahorradores para dar préstamos a terceros. Los intereses de esos préstamos son las ganancias del banco, parte de las cuales revierte a los propios ahorradores. En DeFi, ese proceso lo realizan protocolos de préstamo (hay varios, como por ejemplo *Aave* o *Compound*), a través de los cuales nosotros mismos podemos prestar criptomonedas a otros usuarios, o pedir préstamos de forma directa, de nuevo sin intermediarios. Y todo gracias a nuestros ya viejos amigos los contratos inteligentes, que gestionan las tasas de interés, basadas en la oferta y la demanda, de manera automática.

Y **Asesores Financieros**, que serían las Plataformas de *Yield Farming* y *Staking*.

Los asesores financieros tradicionales nos ayudan a invertir el dinero, con el objetivo de sacar a esta rentabilidad. En el mundo DeFi, tenemos las llamadas plataformas de *Yield Farming* (su traducción sería *producción agrícola*) y *Staking* (que significa *apostando*), que nos permiten bloquear nuestros activos digitales, mediante un protocolo, para obtener una ganancia. ¿Difícil de entender? No. Veamos.

Vamos a pensar que esto es como depositar el dinero en una cuenta o un fondo de inversión que nos obliga a cumplir condiciones y/o a mantenerlo durante un tiempo determinado, a cambio de unos intereses. Solo que aquí, los asesores financieros que nos recomiendan colocar el dinero en esta cuenta o aquel fondo son programas que optimizan nuestras inversiones para que tengan el mejor rendimiento posible.

Y ahora vamos a hacer una aclaración muy importante. Aquí no hay asesores humanos que puedan tener intereses propios, o servir a los de su banco, y «pastorear» al cliente (nosotros) hacia un producto financiero u otro. Es cierto. Pero eso no significa que no exista un riesgo, en ocasiones muy alto, de tener pérdidas. En este particular, el mundo digital es idéntico al real. Aquí estamos explicando, a nivel muy básico, los mecanismos de la DeFi. Y por eso añadimos que, si se te ocurre probar en este mundo financiero digital, invertir o hacer Yield Farming, hay dos requisitos que son imprescindibles:

1. **Formarte.** No es suficiente con leer un puñado de artículos, ver un par de vídeos o seguir las recetas de algún gurú. Aprende y no tengas prisa.
2. **Infórmate.** Busca opiniones, comentarios, informaciones. En eso, la Red es maravillosa y, con un poco de dedicación, podemos encontrar datos que nos eviten un mal paso.

Aunque nos formemos e informemos, no por eso estaremos a salvo de todo. Porque el riesgo cero no existe. Pero sí es cierto que habremos aumentado, y mucho, nuestras probabilidades de salir ganando y no perdiendo, que es lo que buscamos cuando movemos nuestro dinero.

**Seguridad y Transparencia** en las operaciones, gracias a la blockchain.

En las finanzas tradicionales, nos vemos obligados a confiar en los bancos para que manejen nuestro dinero. En DeFi, tal confianza la ponemos en la tecnología de blockchain, que es transparente por naturaleza. Por un lado, todos pueden ver las transacciones. Por el otro, nuestra identidad está protegida. Los contratos inteligentes garantizan que todas las operaciones se lleven a cabo en la forma pactada y debida, sin que puedan producirse errores humanos o manipulación interesada.

**Acceso Universal y Constante.**

Sí. Ya que, mientras los bancos tradicionales tienen horarios de atención al público, y piden ciertos requisitos para abrir una cuenta, DeFi está abierto las 24 horas del día, 7 días a la semana, y está disponible para todo aquel que tenga acceso a Internet. No hay horarios ni requisitos de entrada. DeFi es un sistema financiero global y accesible. Este de verdad.

Porque DeFi es una consecuencia del mundo digital creado por las criptomonedas. Es un ecosistema de servicios financieros en Red que operan sobre tecnologías de blockchain. Aquí también, al menos de momento, quien impera es otro viejo conocido nuestro: Ethereum. Aunque es cierto que ya existen otras criptomonedas que se están especializando en el mundo de las Finanzas Descentralizadas. Porque, de nuevo, tenemos que recordar que todo esto está despegando. Que todo esto es tan solo el comienzo de lo que va a ser toda una revolución financiera.

Esto es un poco más complejo que lo que hemos estado viendo hasta ahora. Lo admitimos. Y por eso vamos a echar mano de otro recurso que tiene ese don maravillosa, propio del ser humano, que es el lenguaje. En este caso, de la reiteración. Porque vamos a volver sobre lo que hemos contado, pero desde otro punto de vista y resumido, para ayudar a clarificar algunas ideas. Recordemos pues, algunos Palabros 3.0 previos, que son esenciales para entender el universo DeFi:

**Contratos Inteligentes**: Son programas autoejecutables que corren sobre la blockchain y que se ocupan de administrar el intercambio de criptomonedas, así como de la gestión de activos digitales, según ciertas condiciones previamente establecidas.

**Protocolos DeFi:** Son las plataformas que ofrecen diversos servicios financieros, tales como préstamos, intercambio de activos (*exchanges*), *staking*, *y farming*.

**Liquidez:** En DeFi, el término liquidez hace referencia a la facilidad con la que podemos convertir unos activos en otros de distinto tipo, sin que eso afecte de manera significativa a su precio. Las *pools de liquidez*, por su parte, son fondos colectivos en los que los usuarios aportan activos para facilitar el trading (nos estamos ya acercando a este Palabro tan famoso y no siempre para bien), y obtienen a cambio una fracción de las comisiones de las transacciones.

**Yield Farming:** Es una estrategia de inversión que busca maximizar el retorno de inversión moviendo activos entre diferentes protocolos, para conseguir rentabilidad en forma de intereses o tokens.

**Staking:** Consiste en bloquear criptomonedas para recibir recompensas. En el contexto de DeFi, staking a menudo se refiere a participar en la seguridad de una red a través de mecanismos de consenso de prueba de participación (Proof of Stake) o aportar liquidez a un protocolo.

Todo esto son solo unos apuntes previos. A partir de lo que aquí os comentamos, si queréis meteros en este mundo, debéis profundizar. Tenéis que estudiar y formaros en las complejidades de este ecosistema. Dedicadle tiempo, no tengáis prisa y ser prudentes. Y, si decidís dar el paso y entrar de manera activa en todo esto, pasad al capítulo siguiente. Y si no, quizá os sea interesante por simple curiosidad.

# Cómo empezar en
# DeFi de forma prudente

Fijaos que decimos *prudente* y no *segura*. En cuestiones financieras no existe la seguridad, si consideramos que esta es riesgo cero. Siempre existen imponderables que pueden causarnos pérdidas, a veces importantes. Pero lo que sí es posible es obrar con prudencia. Aquí vamos a ayudaros a empezar de esa forma. Y la primera regla es hacerlo paso a paso, sin apresurarnos, que es la mejor forma de llegar lejos y sin tropezar en obstáculos que podríamos haber evitado.

Así que vamos allá.

Por tanto, vamos paso a paso, sin apresurarnos, que es la mejor forma de llegar lejos y sin tropezar.

**Paso 1. Crear nuestro propio monedero descentralizado.** Lo primero que tendríamos que hacer es crear un *wallet* (un billetero virtual). Y ha de ser uno que tenga compatibilidad para poder operar dentro de DApp (aplicaciones descentralizadas). MetaMask es una de las DApp más populares para Ethereum y muchas otras cadenas compatibles con EVM (*Ethereum Virtual Machine*).

¡Alto! Un momento, por favor. ¿Qué es exactamente EVM)?

Tienes razón, hagamos un inciso para explicar que es EVM, porque es necesario tener esto último bien claro. Así que recurramos, ¿cómo no?, a la analogía.

Imaginemos que tenemos una consola de juegos, tipo PlayStation o Xbox, en la que podemos jugar todo tipo de juegos *online*. O, para los lectores más veteranos, supongamos que tenemos una *máquina de matar marcianitos*, de aquellas que había en los bares de los años 70 y 80.

¿Cuál es la función de la máquina o la consola? Hacer funcionar los juegos. Porque estos juegos se crearon de tal forma que la máquina o la consola puedan comprenderlos. Y, así, hacer que corran y nosotros podamos jugar.

Pues bien: la EVM cumple con igual función, solo que, en vez de para con juegos, para los contratos inteligentes. Porque la EVM es la que hace posible que los contratos inteligentes funcionen en cualquier ordenador que sea parte de la red Ethereum. Es la que se asegura de que todos sigan las mismas reglas, no importa en qué parte del mundo estén. Digamos que EVM se asegura de que todos jueguen según las mismas reglas de juego.

No es difícil, ¿no? Y, explicado a esto, volvamos a Metamask. Metamask nos sirve para guardar criptomoneda en el mundo virtual, de igual forma que una billetera física nos sirve para guardar los tradicionales billetes de banco. Pero, además de la dicotomía físico-digital, hay una gran diferencia.

Porque Metamask sirve para algo más que para guardar. Además nos permite interactuar con sitios web y aplicaciones que usan criptomonedas y tecnología blockchain. Gracias a MetaMask, podemos enviar y recibir criptomonedas, comprar bienes o activos digitales, como por ejemplo arte virtual, e incluso participar en juegos o mundos virtuales, en los que ganar más criptomonedas.

Otra característica interesante de MetaMask es que funciona como una extensión en nuestro navegador web, o como una app en el móvil, lo que significa que llevamos siempre encima nuestro billetera, para lo que podamos necesitar. Y MetaMask, además, nos garantiza un control absoluto sobre nuestras criptomonedas, gracias a un clave que solo nosotros conocemos y que nos asegura que nadie pueda acceder y apoderarse de nuestro dinero virtual.

Tal clave se llama *seed* (semilla) y es una combinación de 12 palabras especiales que debemos guardar a buen recaudo, a toda costa. Porque, si alguien la consigue, puede quitarnos las criptomonedas. Y, si la perdemos, no podremos acceder al monedero de ninguna de las maneras.

**Paso 2. Adquirir o depositar criptomonedas**, una vez que tenemos billetera en la que hacer tal cosa. Si disponemos de billetera en Metamask, podemos comprar la criptomonedas directamente desde ahí. Metamask se conecta con servicios que nos permiten usar dinero *fiat* (el tradicional, como por ejemplo euros o dólares) para adquirir criptomonedas. La propia aplicación nos irá guiando, paso a paso, para hacer esa compra con tarjeta de crédito, de débito o mediante trasferencia. Podremos comprar la criptomoneda que deseemos, como por ejemplo bitcoin o Ether (ETH), que es la moneda principal de Ethereum, o cualquiera otra de las muchas que existen.

Eso en lo que respecta a la compra. Pero, si ya tenemos criptomonedas en otra billetera que adquirimos con anterioridad, o en un Exchange (que es un sitio de internet en el que podemos comprar y vender criptomonedas, también podemos enviarlas desde ahí a nuestra billetera Metamask.

Para hacer tal cosa, necesitamos la dirección de nuestra billetera Metamask, que es el equivalente al número de cuenta bancaria, solo que para esta billetera. Debemos copiar la dirección en el propio Metamask y luego usarla en la otra billetera o en el Exchange para enviar las criptomonedas a Metamask. Como vemos, es un proceso muy parecido a las transferencias bancarias tradicionales.

Confirmar la Transacción. Esta es una acción clave. Una vez que hayamos enviado las criptomonedas, hay que confirmar la transacción en la blockchain. Esto es algo que puede durar desde unos pocos segundos hasta varias horas. Todo depende de lo congestionada que esté la red en esos momentos. Una vez que se haya confirmado la transacción, veremos que tus criptomonedas están en el monedero Metamask.

**Paso 3. Explorar y experimentar con Protocolos DeFi.** Porque el mundo de los protocolos DeFi es muy extenso. Así que, una vez que tengamos algo de criptomoneda, lo mejor es explorar dicho mundo poco a poco, con calma. Y como en toda exploración, es bueno recurrir a la experiencia de los que ya han recorrido el territorio en cuestión. Por eso, vamos a hacer un alto, para compartir algo de esa experiencia con los más nuevos.

# Inciso. Consejos de veteranos para explorar y experimentar con los Protocolos DeFi

1. Lo mejor es **empezar con una cantidad pequeña** (10 o 20 euros) en criptomonedas, para dedicarnos a probar. Eso puede llevarnos a perder ese dinero, pero es por eso solo manejamos pequeñas sumas. Las experiencias negativas son también una forma de entender cómo funcionan los protocolos. Y muy buena forma, porque los errores escarmientan. Debemos considerar esas pequeñas pérdidas como parte de nuestra formación. Y las lecciones se pagan.

2. Debemos **investigar para saber cuáles son las mejores Plataformas DeFi**. Lo mismo que elegimos (o deberíamos elegir) con cuidado qué agencia de viajes contratamos para nuestras vacaciones en algún país exótico, debemos buscar plataformas DeFi reputadas por su seguridad, fiabilidad y servicio al cliente. El primer protocolo descentralizado que se creó se llama *UniSwap* y es uno de los que mejor reputación tiene, aunque ha sido blanco de ataques en más de una ocasión.

3. Conviene **estudiar los tutoriales y las guías**. Debemos aprender y formarnos. Antes de lanzarnos, debemos tomarnos todo el tiempo que sea necesario para aprender sobre

DeFi. En ese sentido no hay problema. Porque muchas plataformas ofrecen tutoriales, guías y hasta cursos gratuitos que te enseñarán los conceptos básicos, tales como tales como usar criptomonedas, realizar transacciones y sacar partido a los servicios DeFi.

4. Hay que **experimentar, pero con cautela**. No hace falta empeñar todos los recursos en la primera incursión en este mundo. Hay que comenzar explorando servicios básicos, como por ejemplo cómo ahorrar criptomonedas para ganar intereses, o cambiar una criptomoneda por otra. Eso nos irá familiarizando con este mundo.

5. Conviene **llevar un diario de las experiencias**. Mantener un registro de cuanto hacemos en las plataformas y protocolos DeFi. Anotar qué plataformas hemos usado y cuánto hemos invertido. También qué hemos aprendido y cómo nos hemos sentido. Eso no solo ayuda a recordar lo sucedido, sino que también ayuda a aprender de las experiencias.

6. Observar las prácticas de seguridad, en todo momento. No nos cansaremos de decir que DeFi tiene sus riesgos, que se agravan si somos novatos. Hay que recordar siempre que:

   a. No se debe compartir las claves privadas con nadie. CON NADIE.

   b. Hay que usar autenticación de dos factores.

   c. Es preciso mantener nuestros dispositivos seguros.

Hechas estas apreciaciones, sigamos con lo que estábamos contando.

# Cómo empezar en DeFi de forma prudente (Continuación)

**Paso 4. Entender los riesgos**. Esto es algo fundamental. De entrada, debemos realizar siempre nuestra propia investigación. Nada de «tocar de oído». Existe un término, *DYOR*, que es el acrónimo de *Do Your Own Research*, que se utiliza y recomienda mucho, ya que alude a que todos debemos realizar nuestro propio aprendizaje autodidacta. Nos unimos a esa recomendación y, además, os comentamos cuáles son algunos de esos riesgos inherentes a este mundo de finanzas digital:

**Volatilidad**

El valor de las criptomonedas puede variar con gran rapidez. Suben y bajan, y mucho, en poco tiempo. Si nos asustamos y nos apresuramos a vender criptomoneda cuando el precio ha bajado mucho, puede que acabemos perdiendo parte del dinero invertido en ella. Pero, si mantenemos la calma y aguantamos, para vender cuando el precio vuelve a estar alto, podríamos ganar y bastante.

**Liquidez**

Esto tiene que ver con la fácil o difícil que sea convertir nuestro criptomonedas en efectivo (o en otras criptomonedas). Si la liquidez de la criptomoneda es alta, es fácil convertir la criptomoneda. Pero, si la liquidez es baja, nos podemos encontrar con que nos resulta difícil vender las criptomonedas en cuestión, a no ser que bajemos mucho el precio.

Esto es lo que ha pasado con no pocas memecoins y, por eso, muchas de ellas han acabado ganándose el apodo de *Shitcoins* (literalmente, *monedas de mierda*), porque se han quedado sin liquidez. Y aquellos que invirtieron en ella tienen muchas dificultades para desprenderse de ellas. En ocasiones, no les es posible ni vendiéndolas a un precio irrisorio.

Es verdad que hay algunos casos de gente que han invertido en una shitcoin en concreto, comprando mucha cantidad por muy poco dinero. Y que esa criptomoneda luego se revalorizó mucho, generando una ganancia enorme a los avispados compradores. Pero esto es ya algo así es como jugar a la lotería, puro azar, y resulta casi imposible saber si va o no a tener lugar esa revalorización.

**Riesgos técnicos**

Todo lo que tiene que ver con la DeFi se construye sobre la tecnología más avanzada. Pero eso no quita para que pueda producirse un error en el sistema (los llamados *bugs*) o que alguien logre hackearlo. Y eso puede hacernos perder el control sobre nuestros fondos o, lo que es peor aún, perderlos de manera irremediable. Los fallos técnicos en DeFi incluyen problemas con los contratos inteligentes, fallos de seguridad o ataques de hackers, y hay que asumir que pueden ocurrir, si queremos operar en este ecosistema.

**Paso 5. Seguir siempre aprendiendo**. Porque DeFi es un terreno en rápida evolución. Es vital mantenerse actualizados en las últimas tendencias, tecnologías y prácticas de seguridad. En DeFi se vive una actualización constante de todo, siempre a la búsqueda de sistemas más efectivos y seguros, y es preciso no quedarse atrás a la hora de conocer esos cambios.

**Paso 6. Recordar siempre que no hay que poner todos los huevos en la misma cesta**. Siempre, siempre, hay que diversificar la inversión.

# Aspectos clave de las DeFi

Explorar el mundo de las Finanzas Descentralizadas es navegar por un océano de innovación y oportunidades. Aquí, la tecnología blockchain está redefiniendo lo que entendemos por servicios financieros. Así que, para entender el alcance y la profundidad de esta transformación, conviene detenerse en algunos de sus aspectos clave.

## Gobernanza descentralizada

Esta es una de las características más poderosas de DeFi. Las decisiones que se toman, sobre cómo se ejecutan y actualizan los protocolos DeFi, no dependen de una sola entidad o de un grupo de personas. Son los usuarios y dueños de tokens los que tienen voz y voto. Las propuestas se votan usando tokens de gobernanza. Es como tener acciones de una empresa, pero en el mundo digital, que nos permiten ser parte de las decisiones sobre el futuro de la plataforma. Es toda una revolución, puesto que el rumbo que han de tomar los protocolos DeFi no depende de una élite (en el buen o en el mal sentido de la palabra) sino del conjunto de la comunidad.

## Interoperabilidad

Es decir: la capacidad que tienen los diferentes protocolos y plataformas DeFi para trabajar juntos e interactuar de manera fluida. Esto resulta algo crucial para crear un ecosistema financiero completo, en el que podemos mover nuestros activos, y utilizar servicios entre diferentes blockchains y aplicaciones sin problemas. Es como poder usar nuestras criptomonedas en cualquier tienda, plataforma o servicio en línea, sin tener que preocuparnos por las compatibilidades.

## Composibilidad

Y esto significa que, en DeFi, los diferentes protocolos se pueden usar como bloques, para construir con ellos nuevos servicios financieros y productos. Se parece a tener un conjunto de LEGO, donde cada pieza es un servicio DeFi diferente (préstamos, intercambios, seguros, etc.), y podemos combinarlos de maneras innovadoras para construir algo completamente nuevo y personalizado, acorde a nuestras necesidades.

Y no podemos acabar estos capítulos dedicados a las DeFi sin reiterar que estas son un campo emergente y en constante evolución. Y que, por tanto, la formación continua es esencial, si se quiere tener aquí alguna probabilidad de ganar y no de perder. Hay que participar en comunidades, leer, seguir a expertos en este tema. Y, sobre todo, practicar una buena higiene digital, llevando a rajatabla medidas tales como utilizar billeteras de hardwares o billeteras frías[6], o mantener a salvo las claves privadas. Y siempre, siempre, ser cautelosos con las inversiones.

---

6 Aquellas con las que se puede trabajar desconectados de Internet y, por tanto, a salvo de posibles hackeos.

# Las Organizaciones Autónomas Descentralizadas (DAO) Un nuevo paradigma de colaboración y gestión

Vamos con un nuevo concepto. Y os pedimos un poco de paciencia, porque no tardaremos en engranarlo todo. Ahora les toca a las *DAO*, Organizaciones Autónomas descentralizadas. Y, para comenzar a entender que es una DAO, no hace falta recurrir ni siquiera a las analogías. Basta con echar mano de una simple comparación. Porque, en el mundo real, un modelo que tiene mucha similitud con las DAO, en el mundo físico, son las cooperativas. La diferencia es que las DAO, que están en el mundo virtual, utilizan tecnología blockchain. Y eso hace que todo sea:

1. Transparente e inalterable.
2. Automatizado, porque todo se gestiona mediante contratos inteligentes.

Y ahora que nos hemos acercado a algo que nos era totalmente desconocido (al menos para muchos), gracias a algo que sí nos es conocido, vamos a ir perfilando un poco más.

## ¿Qué es una DAO?

Imaginemos una organización que no tiene dueño, jefe o directivos, sino que opera gracias a un conjunto de reglas automatizadas y son sus miembros las que la dirigen. Esos miembros toman decisiones colectivas, gracias a los contratos inteligentes, que se encargan de ejecutar tales decisiones, y tales decisiones van desde la gestión de los recursos financiero a la selección de proyectos a financiar.

## ¿Cómo operan las DAO?

Recordemos que los contratos inteligentes funcionan sin intervención humana, según las reglas y en las condiciones que se les han fijado previamente. Por ejemplo, si una DAO (el conjunto de sus integrantes) decide financiar un nuevo proyecto de criptomoneda, el contrato inteligente puede liberar de manera automática los fondos, una vez que la mayoría de los votos haya aprobado tal decisión.

Esta manera de operar elimina la necesidad de intermediarios, lo cual reduce los riesgos de error, mal manejo o manipulación, aumentando la eficiencia y la transparencia.

## Importancia y ventajas de las DAO

Una vez que entendemos qué son y cómo funcionan, se nos hace evidente que las DAOs están redefiniendo lo que significa colaborar y tomar decisiones colectivas. En el universo de Crypto/DeFi, están permitiendo que personas de todo el mundo se unan para un propósito común (y ya vamos viendo cómo DAO y DeFi están conectadas). Y tal propósito puede ser invertir en proyectos, desarrollar nuevas aplicaciones de blockchain o gestionar fondos de criptomonedas, por poner solo tres ejemplos.

La transparencia, que es inherente a las DAO, implica que cada acción queda registrada en la blockchain y es accesible a todos los miembros, lo que promueve un ambiente de confianza y colaboración.

Uno de los grandes beneficios que aportan las DAO es su capacidad de democratizar la inversión y la gestión de proyectos. Porque ya no se necesita ser un gran inversor o tener grandes contactos para influir en el desarrollo de nuevas tecnologías o proyectos. En una DAO cada voto cuenta es importante, y todos tienen la oportunidad de contribuir al éxito del proyecto.

## Características de las DAO

Para entender alguno de sus rasgos esenciales, vamos a volver a la comparación con las cooperativas del mundo físico, entrando en qué se parecen y en qué no.

Si hacíamos el símil, es porque unas y otras son semejantes en cuanto a estructura y filosofía operativa, a pesar de que operan en contextos muy diferentes. Las dos son formas de organización que buscan democratizar la gestión y la toma de decisiones, reduciendo la centralización mediante el fomento de la participación y el control colectivo.

Veamos ahora en qué detalles concretos son semejantes.

## Similitudes

1. **Estructura democrática.** Unas y otras operan bajo principios democráticos. Las decisiones importantes se toman por votación de los miembros. Cada uno de estos tiene voz y voto sobre las cuestiones clave, desde la gestión financiera a la dirección estratégica de la organización.

2. **Propiedad y control colectivos.** En ambas, la propiedad y el control no están en manos de una sola persona, o de un pequeño grupo directivo, sino que se distribuyen entre todos los miembros. Esto es algo que fomenta la responsabilidad compartida y asegura que las iniciativas de la organización respondan a los intereses colectivos de los miembros.

3. **Distribución equitativa de los beneficios.** Este es un tema

central en estos dos tipos de organización. En el caso de las cooperativas, tales beneficios pueden tomar la forma de dividendos o en una reducción de precios -en los productos o servicios que genera la cooperativa- para los miembros. En las DAO, los beneficios se reparten según las reglas prefijadas en los contratos inteligentes, basándose a menudo en la contribución o participación de cada uno.

4. **Transparencia.** Las dos dan gran importancia a la transparencia en sus operaciones. Las cooperativas, por su propia naturaleza y principios, buscan ser abiertas y transparentes a sus miembros. Y las DAO son transparentes por esencia, dada la naturaleza de la blockchain, en el que las transacciones y decisiones se registran de manera pública e inmutable.

5. **Autogestión.** Ambas promueven la autogestión y una forma de operar autónoma, sin necesidad de la jerarquía tradicional. Aunque las estructuras organizativas son diversas, tienen un objetivo común: reducir o eliminar la necesidad de una gestión centralizada, para permitir que la organización opere de manera más democrática, flexible y ágil.

6. **Enfocadas en la Comunidad.** Porque tanto las DAO como las cooperativas ponen el énfasis en el valor de sus miembros y en la comunidad, en el sentido amplio del término. Buscan objetivos que van más allá de la simple rentabilidad y que incluyen la sostenibilidad, el impacto social y el desarrollo comunitario.

7. **Flexibilidad en cuanto a participación.** En ambas los miembros pueden asumir distintos niveles de compromiso y participación. Encontramos desde miembros muy activos, que participan en todas las decisiones y proyectos, hasta aquellos que adoptan un papel más pasivo.
Esta flexibilidad permite que personas con diversos grados de disponibilidad y recursos puedan contribuir, y a su vez beneficiarse, de la organización.

8. **Adaptables y Escalables.** Las dos tienen en su ADN el adaptarse y escalar en función de las necesidades operativas y los deseos de sus miembros. En el caso de las cooperativas, pueden expandir sus servicios o producción, o su membresía, a partir de las decisiones colectivas. Las DAO, gracias a la tecnología blockchain, pueden escalar de manera global con mucha sencillez, adaptándose a nuevos proyectos o áreas de interés, según la voluntad de la comunidad.

9. **Enfocadas en la Sostenibilidad.** Cooperativas y DAO suelen enfocarse en la sostenibilidad a largo plazo, tanto en términos financieros como ecológicos y sociales. Este enfoque se alinea con sus principios de beneficio colectivo y responsabilidad compartida, buscando asegurar que la organización pueda continuar operando y sirviendo a sus miembros en el futuro.

10. **Innovación Colaborativa.** Ambas organizaciones fomentan un entorno de innovación colaborativa, donde se incentiva a los miembros a aportar ideas y proyectos nuevos. La estructura abierta y participativa de ambas promueve la experimentación y la búsqueda colectiva de soluciones a problemas comunes, aprovechando la diversidad de habilidades y perspectivas de sus miembros.

11. **Resiliencia ante cambios externos.** La toma de decisiones distribuida y la propiedad colectiva contribuyen a la resiliencia de las cooperativas y las DAO frente a cambios económicos, sociales o tecnológicos. Al sustentarse en una base amplia y diversa de miembros para la toma de decisiones, estas organizaciones pueden adaptarse y responder de manera más efectiva a los desafíos externos.

12. **Búsqueda de la equidad.** Unas y otras buscan promover la equidad entre sus miembros, asegurando que todos tengan acceso a los mismos derechos, oportunidades y beneficios. Este compromiso con la equidad ayuda a construir una cul-

tura organizativa fuerte y cohesiva, basada en el respeto mutuo y la justicia.

13. **Compromiso con la formación y el desarrollo de sus miembros.** Históricamente, las cooperativas han puesto el énfasis en la formación y el desarrollo de habilidades en sus miembros. Las DAO, a vez, apuestan por formar a sus miembros en tecnología blockchain, gobernanza descentralizada y otros temas relevantes, fortaleciendo de esa manera a la comunidad, al mejorar las oportunidades de participación.

Hay muchas semejanzas, ¿verdad? Pero, ¡ojo!, que también existen diferencias notables en cuanto a implementación, tecnología subyacente o alcance de la operación. Y conocer tales diferencias es básico para entender como cada una se adecúa a distintos propósitos y contextos. Así que vea las...

## Diferencias

1. **En la tecnología subyacente.**
   a. **Cooperativas.** Operan sin necesidad de tecnologías avanzadas. La gestión se realiza gracias a sistemas y procesos decididos por sus miembros, y estos pueden ser tanto digitales como analógicos.
   b. **DAO.** Operan sobre la tecnología blockchain y usan contratos inteligentes para ejecutar las reglas de la organización de manera automática y transparente. Esta base tecnológica es que permite una operativa global, sin fronteras y segura.
2. **En alcance y escalabilidad.**
   a. **Cooperativas.** Suelen tener un enfoque local o regional, y pueden tener problemas logísticos, o incluso legales, si tratan de expandirse más allá de ciertos límites, causados en unos casos por su estructura y en otros por el marco normativo.

b. **DAO.** Gracias a su naturaleza digital y descentralizada, tienen el potencial de escalar con rapidez y operar a nivel global, permitiendo a personas de cualquier parte del mundo unirse y participar, sin restricciones geográficas.

3. **En el marco legal y las regulaciones.**
   a. **Cooperativas.** Se benefician de un marco legal que es claro y bien establecido en la mayoría de los países. Cuentan con regulaciones específicas que definen su constitución, operativa y gobernanza, lo que redunda en protección para la propia organización y sus miembros.
   b. **DAO.** Navegan en un área legal relativamente nueva y en muchos casos incierta. No siempre cuentan con un marco legal claro que las regule, lo que puede redundar en desafíos en términos de reconocimiento legal, responsabilidad y gobernanza.

4. **En las fórmulas de participación.**
   a. **Cooperativas.** Por lo general, la ley requiere que sus miembros se identifiquen y registren de manera formal, lo que redunda en una mayor confianza y cohesión entre sus miembros.
   b. **DAO.** La participación puede ser completamente anónima o pseudónima, lo que permite a los miembros preservar su privacidad. Esto, sin embargo, puede resultar un problema a la hora de construir confianza y colaboración efectiva entre sus miembros.

5. **En la toma de decisiones y la ejecución de acciones.**
   a. **Cooperativas.** La toma de decisiones puede ser más flexible y adaptativa, con la capacidad de discutir, negociar y adaptar decisiones en tiempo real a través de reuniones y procesos de gobernanza más tradicionales.
   b. **DAO.** La toma de decisiones y la ejecución de acciones

se realiza de manera automática a través de contratos inteligentes, lo que puede limitar la flexibilidad cuando se trata de afrontar situaciones complejas o no previstas sin una actualización del contrato.

6. **En capitalización y financiación.**
   a. **Cooperativas.** Su financiación puede provenir de una variedad de fuentes tradicionales, tales como cuotas de miembros, préstamos bancarios, o subsidios gubernamentales, lo que puede ofrecer una base financiera más estable pero con limitaciones a veces notables.
   b. **DAO.** A menudo se capitalizan y financian a través de criptomonedas, lo que puede ofrecer oportunidades, pero también causar riesgos significativos, debido a la volatilidad de estos activos.

7. **En interacción y comunicación.**
   a. **Cooperativas.** Suelen fomentar la interacción personal mediante reuniones y eventos. Eso ayuda a fortalecer la comunidad y las relaciones entre miembros. A la vez, sin embargo, puede limitar la participación a aquellos que están geográficamente cerca de donde se producen las reuniones.
   b. **DAO.** La interacción entre miembros suele ser completamente digital, utilizando plataformas de comunicación en línea y herramientas de gobernanza digital. Esto puede favorecer la participación de individuos de diversas geografías, pero puede empobrecer las relaciones personales y la cohesión social.

8. **En flexibilidad y actualización de estructuras.**
   a. **Cooperativas.** Los cambios en las estructuras o reglas pueden llevarse a cabo con más flexibilidad a través de votaciones y reuniones, sin necesidad de modificar un sistema técnico subyacente.
   b. **DAO.** Modificar las reglas o estructuras de una DAO

puede requerir cambios en los contratos inteligentes, lo cual puede resultar en un proceso técnico complejo y que necesite de consenso para implementarse.

9. **En requisitos de ingreso.**
   a. **Cooperativas.** Tales requisitos suelen ser más relacionados con la participación económica (tales como cuotas de membresía) y la proximidad geográfica, lo que puede facilitar la inclusión de miembros con diferentes niveles de habilidad técnica.
   b. **DAO.** La participación puede requerir conocimientos técnicos específicos sobre criptomonedas y blockchain, lo que puede representar una barrera de entrada para personas no familiarizadas con estas tecnologías.

10. **En la resolución de conflictos.**
    a. **Cooperativas.** Tienen mecanismos más personales para estas contingencias, tales como la mediación o el arbitraje, lo que es algo que puede facilitar una resolución más humana y adaptativa de las disputas.
    b. **DAO.** La resolución de conflictos puede ser en sí misma conflictiva, debido al anonimato y la dispersión geográfica de los miembros, así como a la dependencia de contratos inteligentes para la gobernanza.

11. **En acceso a recursos y apoyo externo.**
    a. **Cooperativas.** A menudo se benefician de redes locales de apoyo, incluidas subvenciones gubernamentales, préstamos a bajo interés y asistencia de organizaciones de desarrollo cooperativo, lo que les proporciona un conjunto variado de recursos y soporte.
    b. **DAO.** Pueden tener acceso a un pool global de talento y capital, especialmente dentro de la comunidad de criptomonedas e inversores interesados en tecnología blockchain.

Una vez más, vemos que ninguna fórmula es perfecta. Que todas tienen sus ventajas y desventajas. Y, ahora, tras haber visto los puntos fuertes y débiles de las DAO, mediante comparación con las cooperativas, vamos a entrar un poco en sus relaciones con las finanzas *online*.

# DAO, criptomonedas y tokens

Vamos a ir ya encajando piezas de este puzle que forman los distintos Palabros 3.0. Ya sabemos lo que significan y ahora vamos a ver un poco más de lo que implican. Del impacto que van a causar en la economía y la sociedad.

Comenzaremos diciendo que la relación entre las criptomonedas nuevas (las que se siguen creando en la actualidad) y las DAO -recordemos que eso es el acróstico de Organizaciones Autónomas Descentralizadas- es tan diversa como multifacética. No todas las criptomonedas nuevas surgen de DAO, pero existe una conexión interesante y creciente entre unas y otras, sobre todo en el ámbito de las finanzas descentralizadas (DeFi) y los proyectos innovadores en el espacio blockchain. A continuación, vamos a ver cómo las criptomonedas nuevas pueden estar relacionadas con las DAO.

1. **Creación de criptomonedas por parte de DAO**. Estas últimas crean directamente nuevas criptomonedas, sea con la intención de que formen parte de su ecosistema, sea para financiar y/o gobernar proyectos concretos. En el segundo caso, la DAO involucrada usa la criptomoneda que crea para:

    a. Incentivar la participación y la contribución de los miembros de la comunidad.

    b. Facilitar la gobernanza y las votaciones dentro de la organización.

    c. Financiar el desarrollo y operaciones de un proyecto

en concreto.

De esta forma, la criptomoneda es un medio para alinear los intereses de los miembros de la comunidad, al tiempo que facilita la gobernanza descentralizada del proyecto.

2. **Criptomonedas como herramientas de gobernanza.** En algunos proyectos, la DAO no crea la criptomoneda, sino que integra una existente en su gobernanza. Quienes tienen esa criptomoneda, pueden obtener derechos de voto en decisiones clave del proyecto o de la propia DAO, lo que les permite participar activamente en la dirección y políticas de ese proyecto. Esta fórmula es común sobre todo en proyectos DeFi, donde los tokens de gobernanza permiten a los usuarios influir en decisiones tales como ajustes de protocolo o asignaciones de tesorería, entre otros.

3. **Financiación y propuestas a través de DAO.** Las criptomonedas nuevas también pueden surgir de propuestas presentadas y financiadas a través de una DAO. Los miembros de una DAO pueden proponer la creación de una nueva criptomoneda o token como parte de un proyecto más amplio, y tal propuesta se vota. Y, si se aprueba, la DAO financia esa creación. Esto permite que las comunidades autofinancien la innovación y el desarrollo dentro de su ecosistema.

4. **Independencia respecto a las DAO.** Es importante mencionar que muchas criptomonedas nuevas se desarrollan de manera independiente a las DAO. Puede que las lancen individuos concretos, equipos de desarrollo o empresas que buscan crear soluciones innovadoras o abordar necesidades específicas en el mercado de las criptomonedas. Estas iniciativas pueden luego adoptar (o no) modelos de gobernanza descentralizada.

5. **Colaboración entre proyectos.** Porque existe una tendencia creciente hacia la colaboración entre diferentes proyectos de criptomonedas y DAO. Estas últimas pueden adoptar o in-

tegra nuevas criptomonedas en sus ecosistemas. Las tácticas para ello van de las asociaciones estratégicas a las fusiones de comunidades y proyectos en uno común, pasando por integraciones por motivos técnicos.

Una vez que hemos visto la importancia que la creación de criptomonedas nuevas puede tener para el funcionamiento y estrategias de las DAO, vamos a volver sobre otro término ya descrito. Nos referimos a los tokens.

Recordaréis que *token* significa literalmente «ficha», porque, a semejanza de estas, los tokens se pueden usar dentro de determinados ámbitos como unidad de valor o cambio, y no servir para nada fuera de ellos. Repetimos que son como las antiguas fichas telefónicas o las de atracciones como los coches de choque. O, si vamos al caso, como las fichas de muchos juegos de mesa o como las de los casinos, que representan dinero para jugar en la ruleta, por ejemplo, pero que no son en realidad dinero y no se pueden usar fuera del casino.

Cada token, lo mismo que cada ficha de casino, sirve para algo específico. Solo, que en el caso de los tokens, existen en forma digital, dentro de la blockchain.

Una vez que hemos recordado esto, digamos que los términos *token* y *criptomoneda* se utilizan a menudo de manera intercambiable, como si fuesen sinónimos, pero en realidad representan dos conceptos distintos. Existen diferencias capitales en cuanto a su propósito, su funcionalidad y cómo operan dentro del ecosistema blockchain. Vamos a verlas ahora aquí.

1. **Propósito y funcionalidad**

**Criptomonedas.** Se diseñan sobre todo como medios de intercambio o dinero digital. Buscan ofrecer una alternativa descentralizada a las monedas fiduciarias, con el objetivo de facilitar transacciones seguras y anónimas. Los ejemplos más conocidos de las mismas son Bitcoin o Ethereum (aunque Ethereum es mucho más que una simple criptomoneda).

**Tokens.** Tienen una gama más amplia de propósitos y funcionalidades, que van más allá del simple intercambio de valor. Pueden representar activos digitales o físicos, derechos de voto dentro de un ecosistema, acceso a servicios o funciones dentro de una plataforma, entre otros. Los tokens se emiten generalmente sobre una blockchain existente, como Ethereum, utilizando estándares de tokenización como ERC-20 para tokens fungibles o ERC-721, en el caso tokens no fungibles (NFT). No tardaremos en ver esto.

Esto es algo que puede sonar raro de entrada. Pero no son más que diversos estándares. Es decir, cada uno de ellos tiene sus propias reglas. Y esas reglas se deben cumplir o, de lo contrario, la tokenización no sería válida, al no ofrecer la transparencia y seguridad que garantizan estos estándares.

2. **Plataforma subyacente**

**Criptomonedas.** Operan cada una en su propia blockchain. Cada criptomoneda tiene su propia red independiente construida específicamente para soportar sus transacciones y seguridad. Por ejemplo, Bitcoin opera en la blockchain de Bitcoin.

**Tokens.** Se crean y operan sobre una blockchain preexistente que soporta contratos inteligentes y la creación de tokens. No necesitan su propia red sino que, en cambio, utilizan la infraestructura de blockchains como Ethereum, Binance Smart Chain, o Solana, por citar solo tres ejemplos.

3. **Creación y emisión**

**Criptomonedas.** La creación de nuevas unidades sigue, por lo general, el proceso definido conocido como minería, en sus distintas variantes -*proof-of-work* o *proof-of-stake*-, dependiendo de la mecánica de consenso de la blockchain.

**Tokens.** Cualquier persona que lo desee puede crear un token para un proyecto específico, siguiendo las reglas establecidas en el contrato inteligente, sin necesidad de minar nuevas unidades. Además, por lo normal, se suele hacer dentro de las DAO.

4. **Utilidad**

**Criptomonedas.** Su utilidad principal es la de servir como dinero digital, permitiendo la compra de bienes y servicios y también, en algunos casos, sirviendo como reserva de valor o herramienta de inversión.

**Tokens**. Ofrecen una amplia variedad de usos posibles, incluyendo, pero no limitados a, representar participaciones en proyectos de DeFi, activos en juegos, propiedad de arte digital (NFT) o derechos de gobernanza en DAO, por citar tan solo unos pocos ejemplos.

5. **Regulación y aceptación**

**Criptomonedas**. Están sometidas a una mayor regulación, sobre todo en el aspecto fiscal y también en cuanto a su uso como medios de intercambio. Además, la aceptación de criptomonedas varía mucho según qué países y qué industrias.

**Tokens**. La regulación puede variar dependiendo de la funcionalidad específica del token y de cómo se percibe su uso (por ejemplo, como un valor, una mercancía, etc.). Los tokens que representan activos o derechos pueden estar sujetos a regulaciones específicas del sector en cuestión.

Y, vistas estas diferencias, toca entra un poco más en la tokenización. Es decir, en cómo se crean derechos sobre bienes o activos en tokens.

# La tokenización

Y esta vez no vamos a recurrir a las analogías. Tampoco a un símil o una comparación. Aquí basta con un ejemplo muy sencillo.

Supongamos que eres un artista gráfico. Por supuesto, eres muy consciente de que, en el momento que digitalices una de tus creaciones (una imagen, una canción) y la subas a la Red, vas a perder el control sobre ella. La gente podrá copiarla y hacerla circular por todo Internet a capricho. Así que decides crear un ejemplar de esa creación que sea único y valioso, en el mundo digital. Y ahí es donde entra la tokenización.

Porque la tokenización es el proceso de convertir algo (en este caso, tu ilustración) en un token digital que se alberga en la blockchain. Esta, a su vez, sería el equivalente a una caja fuerte digital. Ese token no es tan solo una copia de tu dibujo. Es una representación digital única, que atestigua de quién es la propiedad, y que se puede vender, comprar o intercambiar en Internet.

Así que tomas tu ilustración y la tokenizas. Y eso significa que creas un copia digital única en la blockchain. Y eso garantiza las siguientes ventajas:

1. **Registro seguro.** Porque, una vez que tu creación está en la blockchain, la información sobre quién es su propietario, así como sobre cualquier transacción futura (compraventa o intercambio) se registra ahí de manera segura y transparente. Es como si en la caja fuerte (la blockchain) llevasen un libro

de contabilidad que cualquier persona puede consultar, para saber quién es el dueño de la creación. Pero solo el propietario de la creación tiene la llave que le permite venderlo o cambiarlo.

2. **Posibilidad de compra y venta.** Si alguien quiere comprar tu creación, puede hacerlo a través de la blockchain. La venta se registra automáticamente en el libro de contabilidad depositado en la caja fuerte, y tú recibes el pago de manera segura. La propiedad del token (y, por lo tanto, de la ilustración) se transfiere al comprador.

3. **Facilidad en la transacción.** Ya que comprar y vender es fácil y rápido, sin necesidad de recurrir a papeleo o intermediarios.

4. **Seguridad.** Ya que la blockchain actúa como una caja fuerte, muy segura, que protege la propiedad sobre la creación.

5. **Transparencia.** Pues todos pueden ver el registro de propiedad y qué transacciones se han realizado. Pero solo el dueño tiene el control del token.

6. **Acceso a nuevos mercados.** Dado que te permite vender tu creación, con facilidad, a personas de todo el mundo.

## Veamos algún ejemplo

Los tokens ofrecen ya multitud de ventajas. Y sin duda seguirán aumentando, a no ser que aparezca alguna nueva tecnología disruptiva que los sustituya con ventaja. Eso es algo que no podemos asegurar, pues vivimos una época desenfrenada de maravillas tecnológicas, en la que, casi cada día, llega alguna novedad que nos deja con la boca abierta.

Pero mientras algo así ocurre vamos a ver un ejemplo de una de las grandes utilidades de los tokens. Estamos hablando de la posibilidad de fraccionar la propiedad de un bien, sea este físico o digital.

En este caso vamos a imaginarnos un edificio muy grande. Tan grande que a una sola persona le resultaría carísimo el adquirirlo en solitario. Con la tokenización inmobiliaria, podemos dividir la propiedad del edificio en participaciones más pequeñas. Cada participación sería un token digital que representaría la propiedad de la parte del edificio que le corresponde. Y, por supuesto, la suma del valor de todos los tokens generados es el valor total del edificio.

Hecho eso, los tokens se pueden vender a personas que quieren tener parte de la propiedad del edificio. Unos podrían comprar un solo token, otros varios y algunos muchos, dependiendo de lo que cada uno pueda y quiera invertir en este negocio.

Al comprar un token, nos convertimos en dueños de la parte correspondiente del edificio. Eso significa que no solo tenemos derecho a una fracción de los beneficios que pueda generar el edificio (por ejemplo, renta de los alquileres), sino que también podemos vender el token más tarde, quizá a un precio más alto del que lo compramos, si es que el valor del edificio aumenta.

La propiedad de los tokens, así como todas las posibles transacciones con los mismos, se registran de manera segura en la blockchain.

**Beneficios del sistema en este ejemplo.**

1. **Universalización.** Pues permite a pequeños inversores participar en el mercado (en este caso inmobiliario), que tradicionalmente solo estaba al alcance de grandes inversores, empresas e instituciones.

2. **Liquidez.** Ya que hace que los tokens se puedan comprar y vender con facilidad en plataformas de intercambio, de manera similar a cómo se hace con las acciones en bolsa.

3. **Transparencia.** Gracias a la blockchain, toda la información sobre la propiedad, transacciones y distribución de beneficios es clara y accesible con facilidad (sí, lo asumimos, no nos cansamos de repetirlo, pero es que es un detalle capital).

4. **Eficiencia.** Dado que reduce los costes y la complejidad asociados, en muchos casos, a la transferencia de propiedad, eliminando muchos de los intermediarios tradicionales.

No está nada mal, ¿verdad? Aunque asegúrate siempre de guardar a buen recaudo, las llaves de todo esto. Porque, y es otra cosa que estamos repitiendo hasta la saciedad, si las pierdes, no hay sistema de recuperación de claves ni mecanismos legales que puedan auxiliarte, y habrá perdido tus propiedades digitales.

# RWA. (Real World Assets o activos del mundo real)

Consideramos importante tocar este palabro 3.0 por la importancia que va a tener en un futuro no muy lejano. La tokenización de la que hemos hablado antes, está dando lugar a un nuevo mundo completamente diferente a lo que ya existía, y lo está haciendo a través de los activos del mundo real o RWA.

Así que, para conocer que es un RWA, volvamos de nuevo a las útiles analogías.

Imaginemos que disponemos de un almacén propio, o un garaje, en el que guardamos todo tipo de útiles y bienes. Y pensemos que tenemos un objeto valioso, en concreto, que tenemos en el mundo físico. Por ejemplo, una bicicleta. Y supongamos por último que pudiéramos -en lugar de tener que guardar la bicicleta en el garaje cada vez que no la usamos- disponer de un documento que probase que la bicicleta es nuestra y que detallase cuánto cuesta.

En el mundo tecnológico, sobre todo cuando hablamos de finanza y blockchain, un RWA se refiere a algo de valor en el mundo físico (pueden ser inmuebles, acciones, obras de arte) que se representan digitalmente para poder trabajar con ese algo de valor en el ordenador o la plataforma digital.

Esta representación permite que bienes valiosos del mundo físico pasen a ser también parte del universo digital. Y eso facilita operaciones tales como préstamos, inversiones, compraventas, de manera rápida y segura, sin necesidad de mover el bien físico real. Tan solo hay que desplazar la representación digital dentro del sistema.

Este tipo de activo digital se está empezando a definir como algo con gran futuro en los fondos de inversión, con una expansión que parece no conocer límites. Y eso es así porque abre posibilidades a pequeños inversores, incluso desde cantidades de 1 euro.

Por ejemplo, en la actualidad, un edificio de 100 millones de euros (por poner un ejemplo) solo puede tener unos pocos compradores potenciales: personas muy acaudaladas o fondos de inversión. Sin embargo, con los RWA, podría ocurrir que un millón de personas pudieran tener la propiedad digital compartida de ese edificio, a razón de 100 euros cada uno.

Si ese edificio del ejemplo generase un 5% de rentabilidad anual, eso supondrá 5 millones de euros al año. Y así, cada persona que hubiese invertido, por ejemplo, 100 euros, recibiría 5 euros brutos al año. Y las que hubiesen invertido 1000, 50. Las posibilidades, por tanto, de democratizar las inversiones, haciéndolas accesibles a todos los bolsillos, mediante estas tecnologías pueden tener un gran impacto en nuestras sociedades, en un futuro no muy lejano.

# ETF. (Fondo Cotizado)

ETF es un término que puede que (al revés que otros que aparecen en este libro)muchos lectores no hayan escuchado jamás, o que no recuerden haberlo hecho. Pero de verdad que merece la pena que hagamos un apunte sobre el mismo, sobre todo en lo que a las criptomonedas se refiere, de cara al capítulo que viene después.

ETF es el acróstico, las siglas, de *Exchange Traded Fund*. Lo que en español suele denominarse Fondo Cotizado. Y, si en algún momento tu banco te ha vendido un fondo de inversión, has de saber que un ETF es algo muy similar, aunque con detalles diferentes, que varían en función del tipo de ETF concreto.

Pero vamos a asumir que no sabemos nada sobre este tema. Y por ello vamos a recurrir una vez más a una analogía, para explicarlo y comprobar de nuevo que no es tan difícil de entender, al menos a nivel básico.

En esta ocasión, imaginemos que tenemos un cesto. Y que en ese cesto podemos meter diversas frutas: manzanas, naranjas, plátanos, etc. Pues bien: el cesto es el ETF. Y las frutas que vamos metiendo en el cesto son los diferentes tipos de inversiones que hacemos: en acciones, en bonos, en *commodities* ( que son materias primas tales como petróleo, gas natural, cobre, oro, plata, maíz, trigo, soja), etc.

Lo mismo que puedes comprar o vender el cesto cargado en el mercado de tu barrio o de tu pueblo, puedes comprar o vender el ETF *online*.

El gran punto fuerte de esto, lo que hace populares a los ETF, es que ofrecen diversificación y, por tanto, seguridad. Porque gracias a ellos reduces el riesgo de perder dinero, al no apostarlo todo a un solo producto. Y, además, son fáciles de comprar y vender, porque se negocian como acciones, lo que permite a los inversores reaccionar con rapidez a los cambios del mercado.

Los ETF pueden abarcar una gama muy amplia de activos, como hemos dicho. Pero lo que aquí nos interesa, lo que tiene que ver con este libro, es que existen ETF de criptomonedas, que es a donde queríamos llegar. Y en concreto a los ETF de bitcoin, que son una parte de este mercado.

## Y, ¿cómo funcionan los ETFs con bitcoin?

Por seguir con la analogía de antes, un ETF de bitcoin es, básicamente, un cesto en el que, en lugar de tener diversos activos (acciones, bonos, *commodities*, índices, etc....), se llena solo y exclusivamente con la criptomoneda conocida como bitcoin. Y, de inmediato, alguien dirá: ¿cuál es la ventaja de eso, si me acabáis de decir que el punto fuerte de los ETFs es la diversidad de activos que contienen?

Pues la ventaja está en que eso nos permite participar en los movimientos de precio del bitcoin sin necesidad de comprar directamente esa criptomoneda. Así que veamos cómo funciona y qué ventaja da esta estrategia.

El quid de la cuestión está en que podemos comprar solo una parte del ETF (de la propiedad de la cesta, si seguimos con la analogía). Y, al hacer tal cosa, estamos en realidad invirtiendo en ese ETF de bitcoin. Y, por tanto, lo estamos haciendo también en bitcoin, de manera indirecta.

**Esta fórmula hace que no sea necesario que tengamos que lidiar con los aspectos técnicos de trabajar con criptomonedas,** tales como usar una wallet (billetera) digital o tener que preocuparse por la seguridad. Así se logra romper esa barrera, tan intimidante para muchos, de las nuevas tecnologías sobre los que muchos sabemos lo justo o casi nada. Y esto lleva a otras ventajas.

**La facilidad de uso y la seguridad** que da el método. Porque, al usar el ETF, dejamos la gestión de la inversión en manos de los profesionales. No necesitamos aprender sobre cómo almacenar o transferir Bitcoin de manera segura, así que esto es accesible incluso al más lego. Lo que poseemos es una parte del ETF que sigue el valor del Bitcoin.

**Regulación y accesibilidad.** Este método está al alcance de aquellos mínimamente familiarizados con la bolsa de valores y que prefieren un marco regulado para sus inversiones. Esto es una ventaja para ellos, ya que el mercado de criptomonedas es más complejo y, además, está menos regulado.

Esto es un vistazo somero al tema de los ETFs. Y nos sirve de antesala para pasar a un tema espinoso, sobre el que nosotros, como autores, debemos hablar con responsabilidad y en el que vosotros, como lectores, debéis introduciros con toda clase de precauciones.

Porque nos estamos refiriendo al *Trading*.

# El Trading

Sí. Como autores, hemos tenido dudas y dilemas, y también alguna discusión, antes de entra en este tema. Pero no ha sido motivado por el propio trading en sí, sino por la forma que muchos se aventuran en esta práctica financiera. Por un lado, no deseamos contribuir a ese clima falso de optimismo y facilidad que algunos (y recalcamos *algunos*, no todos) expertos reales o supuestos (que de todo hay) inoculan a quienes asisten a sus cursos y que, a menudo, acaba teniendo como consecuencia pérdidas económicas considerables para los incautos.

Pero, por el otro lado, está lejos de nuestro ánimo sembrar tal miedo sobre el mundo del trading que haga que personas que podían beneficiarse se alejen de todo esto como si del demonio se tratase. Porque, precisamente, si hemos escrito este libro es para ayudar a la gente a comenzar a desenvolverse en esta nueva sociedad y esta nueva economía que se está implantando entre nosotros. Y el primer paso, en tal sentido, es siempre saber ante qué estamos.

Así que vamos a intentar explicar qué es el trading. Y lo haremos siguiendo con la analogía que ya hemos usado con las ETF.

Porque el trading se parece a ir de compras al mercado. Solo que, en vez de comprar frutas, verduras, hortalizas, etc., adquirimos acciones, divisas, commodities, índices y demás. Y el mercado donde compramos todo eso es el financiero. En cuanto a la intención que nos mueve a hacer esas adquisiciones es simple: pretendemos comprar a un precio más bajo y vender a otro más alto. O, por el contrario, buscamos vender a precio alto para luego recomprar a otro más bajo. Y embolsarnos las ganancias, claro.

Así que se trata de especular. Especular, sí, en el buen sentido del término. No pretendemos manipular el mercado financiero (entre otras cosas, porque los ciudadanos de a pie no tenemos músculo económico para intentar algo así). Especular en el sentido de estar alertas y tratar de ganar con las diferencias de precio entre las compras y las ventas.

Hecha esta aclaración, vamos a seguir con la analogía.

En ella, el mercado de valores sería un mercadillo de frutas y verduras, en el que cada puesto es una empresa diferente. Y las frutas, verduras y hortalizas que se venden en cada puesto son las acciones de esas empresas. Si mucha gente quiere comprar una fruta en concreto, y en un puesto determinado, el precio de esa fruta subirá. Y si, por el contrario, por la razón que sea, los clientes no encuentran apetitosa tal fruta y tiene poca demanda, el precio de esa fruta bajará.

Hasta aquí todo sencillo, ¿no?

La fruta que sube son las acciones de una empresa que está generando grandes expectativas o buenos beneficios. Y la verdura que baja son las acciones de una empresa en problemas.

El *trading* consiste en que nosotros vamos a ese mercadillo a comprar frutas y verduras, pero no para consumirlas, sino para revenderlas luego, sacando un beneficio. Hay, por tanto, distintos estilos de trading, según el tiempo en el que mantenemos la inversión (conservar las frutas o verduras en nuestro poder) y que van desde hacerlo unos pocos segundos o minutos -lo que se conoce como *day trading*- hasta semanas o meses, que es el llamado *swing trading* o *trading de posición*.

También hay que tener en cuenta que también hay diversos tipos de *traders*, que son las personas que hacen trading. Los hay que lo practican por simple entretenimiento. En cambio, para otros, es una actividad a la que reservan un espacio de tiempo regular y razonable, con la intención de conseguir ingresos extras. Y los hay que se dedican profesionalmente a ello, a fondo, dedicando horas y horas cada día a investigar y a tomar decisiones de inversión, porque viven de ello. Y esas investigaciones, sobre las que reposan sus decisiones de inversión, se sustentan en los *Gráficos de Trading*.

## ¿Y qué son exactamente esos gráficos del trading?

Pues los gráficos que vemos en el trading no son más que herramientas visuales que representan los movimientos de los precios. De los activos financieros a lo largo de un periodo de tiempo. Tales gráficos son fundamentales para los traders, porque les ayudan a analizar el comportamiento del mercado, a identificar tendencias y a tomar decisiones sobre cuándo comprar o vender un activo. Son la herramienta básica sobre la que trabajar en ese mundo.

Existen varios tipos de gráficos de trading, pero aquí vamos a mencionar los tres más comunes.

**Gráficos de Líneas.** Son la forma más simple de representación gráfica de los movimientos. Son las líneas que se crean al unir varios puntos. Y esos puntos representan el precio de cierre de un activo, al final de un periodo de tiempo determinado (un día, una semana, un mes). Esa línea nos muestra cómo ha ido cambiando el precio del activo a lo largo del tiempo, lo que nos ayuda a ver si el precio está subiendo o bajando, y por tanto nos permite tomar decisiones de compra o venta.

**Gráficos de Barras.** Cada barra en este tipo de gráficos representa el rango de negociación de un activo durante un período específico (como un día, una hora, etc.). Muestra el precio de apertura y el de cierre, así como los precios máximo y mínimo alcanzados. Las barras permiten ver la volatilidad del precio durante el período que abarcan.

**Gráficos de Velas Japonesas (*Candlestick*).** Estos gráficos ofrecen información similar a los gráficos de barras pero son más ricos visualmente. Cada «vela» muestra el precio de apertura y el de cierre, el máximo y el mínimo. La «vela» puede ser de dos colores; por ejemplo, verde si el precio de cierre es más alto que el de apertura (indicando un aumento en el precio) y rojo si es más bajo (indicando una disminución). Las velas proporcionan a los traders información detallada sobre el comportamiento del mercado en cada período.

Los traders también trabajan con toda una variedad de indicadores técnicos, sobre estos gráficos, tales como medias móviles, RSI (Índice de Fuerza Relativa) o MACD (Convergencia/Divergencia de la Media Móvil), entre otros, que les sirven para analizar tendencias, encontrar patrones y hacer pronósticos sobre movimientos futuros de precios. Esta es una de las razones por las que tenemos que insistir que en este mundo del trading hay que estudiar y formarse mucho y a fondo, y que no basta con hacer un curso o leer un par de libros para ya lanzarnos a hacer operaciones de compra y venta, como algunos pretenden vendernos.

Es por eso que poco más vamos a contar sobre el trading en este libro. Nos limitamos a explicar de forma muy sencilla qué es. Debíamos hacerlo porque es un palabro que circula por doquier, sin que mucha gente tenga una idea muy clara al respecto. Algunos tienen la vaga idea de que es como la bolsa pero para todos. Y no pocos caen el error de creer que, con el trading, es posible hacerse fabulosamente ricos, con poca inversión (que pueden ser los ahorros familiares o la indemnización por el despido), esfuerzo escaso y conocimientos mínimos. Y se lanzan a hacer trading tras haber leído algún libro, visto unos videos o hecho algún curso (que en muchos casos tienen precios elevados).

No es que sea malo leer o visionar sobre el trading, y mucho menos asistir a cursos presenciales o virtuales (aunque conviene informarse sobre los ponentes y huir de los charlatanes triunfalistas). Pero todo eso han de ser los primeros pasos, no el bagaje con el que pretendamos hacer trading. Ocurre que, además, hay quienes se aventuran en esto empujados por una situación económica apurada. Deciden apostar lo que tienen, con la esperanza de remontar y suelen acabar perdiéndolo todo... o más, si recurren al apalancamiento, que es la fórmula por la cual se pueden aumentar las ganancias asumiendo deudas. Y si la operación sale mal, esas deudas hay que pagarlas.

Así que vamos a dedicar unas líneas a algo que no es una cuestión técnica. Vamos a explicar muy someramente cómo funciona el mundo del trading, como aviso a aquellos que sientan la tentación de ilusionarse ante supuestas ganancias fáciles que casi siempre acaban en grandes pérdidas.

De entrada, hay que entender que, en realidad, el trading está diseñado para los peces gordos, no para los chicos. Y eso es algo que muchos no saben y que debemos tener siempre presente.

Porque lo cierto es que los mercados financieros se crearon, inicialmente, para que pudieran operar en ellos los grandes inversores. Luego, con el paso de los años, se fueron abriendo al público en general. Eso es lo que se llama *retail* (otro palabro que se está haciendo habitual, aplicada a los sectores más diversos y que, en esta ocasión, es bastante superfluo, pues no denomina a nada nuevo, sino a lo que en realidad llamamos *minoristas*). Esta apertura al público en general se hizo para lo que los grandes operadores llaman «dotar de liquidez al mercado». Y esto último es, básicamente, captar el dinero de los pequeños inversores (cientos de miles o millones de ellos) para que forme parte del producto con el que ellos juegan a lo grande.

Y otra cosa: al contrario de lo que muchos piensan, el trading no es algo simplemente técnico. No es (o no es solo) cuestión de saber cuándo vender y cuándo comprar. No se trata únicamente de conocer una serie de reglas y aplicarlas. Esto último (el cuento de que es casi una fórmula matemática) es algo que suelen vender a menudo los mercaderes de ilusiones a los incautos a los que dicen formar en sus cursos (repetimos una vez más que también hay cursos muy serios, impartidos por buenos profesionales; es responsabilidad de cada uno informarse antes de inscribirse en una formación de este tipo).

El trading tiene mucho de psicológico. Porque los grandes operadores están atentos a cuándo los peces chicos se asustan al ver que comienzan a perder dinero, y a cuándo se dejan ganar por la codicia, porque van ganando. Y, conociendo esos estados de ánimo, y por tanto anticipando la propensión de los peces chicos a comprar o vender, los usan a su favor.

Así que, recordemos. Los ciudadanos de a pie somos peces chicos, nadando en busca de las migajas que caen de la lucha entre los peces gordos (los grandes inversores). Si recordamos en qué liga estamos jugando, podremos ganar. De entrada, debemos comenzar invirtiendo un dinero que no sea mucho. También que sea de lo que nos sobre, no de lo que necesitamos para vivir. Así, si lo perdemos, no será un desastre, ni grande ni pequeño. Será un disgusto, desde luego, pero también experiencia y lección para el futuro.

Y, aunque arriesguemos poca cantidad, solo debemos hacerlo tras habernos formado. Insistimos, formado de verdad. Porque la teoría no es más que eso: teoría. No es tan fácil como parece el comprar barato y vender caro. Recordemos que, en un juego como este, para que alguien gane, otros tienen que perder. Así que debemos procurar estar en el bando de los que ganan.

La realidad es muy complicada y existen multitud de reglas, de términos y de estrategias que es preciso aprender para sobrevivir en este terreno de juego. Si no contamos con un buen conocimiento de cómo funcionan los mercados y de las herramientas de análisis, es fácil tomar las decisiones equivocadas. Y perder el dinero.

También está el factor humano, claro. El miedo o la codicia pueden llevarnos a acciones precipitadas, tales como vender, presas del pánico, cuando los precios están bajando, o comprar más de lo debido, en un momento de euforia. Manejar las emociones es una de las partes más difíciles de la práctica del trading.

Ya lo hemos dicho y lo repetimos ahora. Demasiadas personas se lanzan al trading con la esperanza de hacerse ricas con tanta rapidez como facilidad. Y en no pocos casos, lo que es aún peor, esperando salir así de apuros económicos. En tal tesitura, lo normal es que asuman más riesgos de lo aconsejable, lo que suele llevarlos a pérdidas. Eso hace que arriesguen todavía más, con el resultado de más pérdidas todavía. No sigáis nunca ese camino.

Vamos a aclarar aquí que uno de los autores de este libro es trader. El otro es profano en el trading, al menos en el momento de escribir estas páginas. Pero los dos conocemos por igual a unos cuantos inocentes, o mal informados, que han acabado sufriendo quebrantos económicos -en algunos casos graves- por haberse entregado a esa estrategia mal informada y cortoplacista.

Una vez más: aprendamos, formémonos, cojamos práctica con poco dinero. Y nunca juguemos lo que necesitamos, sino de lo que nos sobra, poco o mucho.

Otra cosa más: no hay nadie infalible. Los mercados financieros son muy volátiles, cambian muy rápido y los beneficios pueden evaporarse, o incluso convertirse en pérdidas, en un abrir y cerrar de ojos. Incluso los traders veteranos y prudentes pueden sufrir pérdidas debido a sucesos inesperados o imprevisibles que provoquen cambios bruscos en el mercado.

Además, con tantos datos, noticias y opiniones contrapuestas como circulan, a veces es difícil filtrar para llegar a lo que de verdad es útil. Y eso es algo que puede llevarnos a tomar decisiones de trading basadas en informaciones incorrectas o incompletas. Algo que a su vez que conduce a lo de siempre: a pérdidas. Debemos tenerlo en cuenta.

Creednos, amigos lectores. Si os encontráis con alguien que ha entrado en el mercado armado sobre todo con su intuición, no le acompañéis, aunque vaya ganando de momento. Acabará perdiendo, así que lo mejor es que huyáis de sus consejos como de la peste.

Es verdad que hay algunos buenos traders que parecen funcionar a golpe de intuición. Pero, en realidad, lo que les guía es el olfato profesional, que se les ha afinado a lo largo de años de prácticas, como el ojo a un rastreador de huellas. Eso es algo bien distinto de las corazonadas de novato. Gracias a años de experiencias (sembradas de aciertos y fracasos), saben detectar detalles y señales que pasan desapercibidas a los profanos.

Además, ocurre que los buenos traders siempre tienen en mente un plan de acción, el Plan de Trading, que acaban por interiorizar al punto de que llega a ser parte de su vida diaria, y al que, a la hora de actuar, se referencian de manera automática. Los profanos no tienen nada de eso.

Bueno, no vamos a seguir más. No pretendemos desanimaros de entrar en el trading, en absoluto. Queremos animarlo a hacer de la manera adecuada y con las mayores seguridades posibles. Esto es como correr la maratón o escalar montañas. De entrada, ni os lo planteéis si no contáis con los recursos adecuados (físicos en el deporte, económicos en el trading) y no habéis adquirido las técnicas (en el deporte)/formación (trading). Cuando contéis con todo eso, adelante.

Y, para evitar malentendidos, un apunte final. No negamos el valor, en absoluto, a los libros, los videos, las asesorías o los cursos. Ya lo hemos aclarado, pero lo repetimos. Y para que quede claro, os adjuntaremos un pequeño listado todo eso, para que vayáis comenzando a formaros, si así lo deseáis. Es solo que uno no es conductor experto por haber tomado diez clases de conducir, ni atleta preparado por trotar por el campo dos días a la semana. Podemos llegar a todo eso, pero solo sabiendo que es el punto de partida para posteriores esfuerzos.

Lo mismo ocurre con el trading.

# La Inteligencia Artificial

Y entramos en lo que sería todo un bloque dentro de este libro dedicado a los palabros. Aquí, nos vamos a detener no solo en qué hay detrás de los términos, sino que también rozaremos (solo rozaremos) qué pueden implicar estas tecnologías para nuestra sociedad, la economía, el trabajo, las formas de vida... porque todo eso va a cambiar de forma drástica -o eso opinamos los autores- gracias a la IA, la Inteligencia Artificial, y sus aplicaciones, que van de la industria a la vida cotidiana.

La IA es, en el momento en que se escribe este libro, una de las sensaciones del momento. Y, a menudo, no para bien, por culpa de informaciones erróneas o sesgadas, a menudo teñidas de sensacionalismo, e incluso a veces de catastrofismo. Era inevitable porque, dadas sus características, el tema de la IA es campo abonado para esos *mercaderes del pánico* que viven de sembrar alarma, confusión, incertidumbre y temores, desde algunos medios de comunicación y, por supuesto, también en las Redes Sociales.

Pasó en su día con la anestesia, o los vehículos a motor. Así que, ¿cómo no iba a ocurrir también con algo como la IA? De ella se ha dicho ya casi de todo, incluido que no tardará en destruir a toda la humanidad.

No es que la IA no tenga sus riesgos. ¿Qué no la tiene? Siguiendo con los ejemplos que acabamos de mencionar, una anestesia mal aplicada puede matar. Pero la culpa no es de la anestesia, sino del posible mal uso que se haga de ella. Considerada globalmente, la anestesia fue uno de los grandes avances de la humanidad, que la libró de sufrir enormes dosis de dolor.

En fin. El caso es que, les guste a algunos o no, la IA está llegando a nuestras vidas de forma masiva y muy rápida. Y está llamada, salvo que se produzca una catástrofe, a revolucionar muchos aspectos de nuestras vidas. Y, en esta fase inicial, la ignorancia —y peor, el conocimiento incompleto o errado— es uno de los grandes obstáculos a los que tendremos que enfrentarnos como sociedad. Y, ese mismo desconocimiento puede que haga que muchos, como individuos, no sean (o no seamos) capaces de sacar todo el rendimiento que estas tecnologías pueden aportar a nuestras vidas cotidianas.

Por tanto, para ayudarnos a entender qué es la Inteligencia Artificial, quizá la mejor manera de comenzar es conocer qué NO es la Inteligencia Artificial. Así que vamos a ello:

1. **La IA no es ninguna entidad consciente**

Las películas y las novelas de ciencia ficción llevan décadas presentándonos a gigantescos ordenadores, y a robots con consciencia propia, capaces de albergar emociones y deseos. También ambiciones que, a menudo y por razones dramáticas, eran las de gobernar el mundo, cuando no de destruir a la humanidad. Todo eso está muy bien como fabulación, pero nada tiene que ver con la IA.

Porque lo cierto es que la IA es tan solo (y nada menos) un campo de la ciencia y la tecnología. Eso que llamamos *inteligencias artificiales* no son más que sistemas que se construyen sobre algoritmos (un algoritmo es un conjunto de instrucciones que se han de realizar, paso a paso, para realizar una tarea específica) y modelos matemáticos diseñados para llevar a cabo labores concretas, tales responder a preguntas, traducir textos, generar o reconocer imágenes, etc.

Y estos sistemas, que quede claro, ni tienen consciencia, ni emociones, ni metas propias. No son parientes de HAL 9000, para entendernos[7].

---

7 HAL 9000 es el superordenador instalado a bordo de la misión espacial de la película *2001, una odisea del espacio*. Si la conocen, no hace falta más explicaciones. Y, si no la cono-

## 2. La IA no es infalible ni omnipotente

En un cuento del escritor estadounidense de ciencia ficción Fredric Brown, la humanidad construye un gigantesco ordenador al que alimentan con todo el conocimiento reunido a lo largo de los siglos por nuestra especie. Acaba esa fase, cuando encienden el ordenador, la primera pregunta que le hacen al ordenador es: «¿Existe Dios?», a lo que el ordenador contesta: «Ahora sí».

Es un relato muy divertido, obra de un autor genial. Pero es una lástima que esa idea de los ordenadores superpoderosos y omniconscientes haya dejado un poso nocivo en la mentalidad colectiva. La culpa no es de las películas o las novelas, sino de nosotros mismos, que tendemos a confundir ficción con realidad.

Porque las IA no son entes conscientes, capaces de volverse contra nosotros. Ni tampoco son la solución mágica para todo tipo de problemas, desde los causados por nosotros mismos a los que nos llegan sobrevenidos. Son, y repetimos, algoritmos diseñados para ejecutar tareas específicas.

En calidad de tales, la eficacia de las IA depende en gran medida de la calidad y la cantidad de datos con las que se les entrena. Y también de los algoritmos que se emplean. Cuanto más enfocados y específicos son, más eficiente será la IA en la tarea encomendada.

Es verdad que la IA puede superar a los humanos en tareas bien definidas y específicas. Pero aún está lejos de alcanzarlos en todo aquello que requiere ciertas capacidades, como podrían ser la creatividad, la adaptabilidad o incluso el buen juicio. Y eso nos lleva al siguiente apartado de qué NO son las IA.

## 3. La IA no es capaz de operar de manera independiente del ser humano

Aunque las IAs pueden automatizar ciertas tareas y tomar decisiones basadas en los datos y parámetros que se le proporcionan, no por eso operan de manera completamente independiente. Son los humanos los que crean y entrenan a las IA. También son esos mismos

---

cen, acepten este consejo de amigo: corran a verla.

humanos los que supervisan sus actuaciones y resultados. De hecho, podemos encontrar en las IA actuales sesgos muy curiosos (e indeseables) causados por las inclinaciones ideológicas o las pautas culturales de sus operadores. Y vamos con un ejemplo:

Si se le pide, en español, a ciertas IA enfocadas a la creación de imágenes una ilustración de un gato negro, puede que la respuesta que recibamos no sea la imagen solicitada sino un mensaje de que tal petición ha sido *banned*, es decir, prohibida, por ser de contenido racista. El motivo es que *negro* es una palabra ofensiva en inglés y, siendo poco flexibles culturalmente, algunos operadores anglos de tales IA, no han tenido en cuenta que, en español, la palabra *negro* es simplemente un color que, como adjetivo, es aplicable a sustantivos de lo más diverso. Este ejemplo (real) ilustra muy bien cómo las IA están condicionadas por las propias limitaciones mentales o ideológicas de sus creadores.

Así que no. Nada de IA omnipotentes o conscientes. Son los humanos los que crean, entrenan y supervisan el funcionamiento de las IAs, y las acciones de estas últimas se limitan a las funciones para las que han sido programadas, que pueden ser más o menos amplias. No le pidamos a una IA diseñada, exclusivamente, para crear imágenes que nos diga cuanto son 2 + 2, porque no será capaz de hacerlo. Las IAs pueden diseñarse para modificar su forma de actuar y responder. Pero considerar que «aprenden por sí solas» es una expresión peligrosa, porque estos sistemas no pueden funcionar sin ninguna intervención humana en absoluto.

4. **Las IA no son *inteligentes*, tal como entendemos que es la inteligencia en los humanos**

La verdad es que aquellos que en su día dieron a las IA el nombre de *Inteligencia Artificial*, no estuvieron nada afortunados, porque tal denominación ha sido y es motor de toda clase de engaños y malentendidos. El término sugiere una forma de inteligencia comparable a la humana. Y no es así. Las IA carecen de la capacidad de entender o de razonar de manera abstracta, poniendo las cosas en su contexto, como sí hacen los humanos (bueno, quizás algunos de estos últimos de manera algo deficiente). Y vamos a volver al ejemplo de antes.

Esas IA de creación de imágenes de las que hablábamos no son capaces de diferenciar cuando el usuario emplea la palabra *negro* como simple sustantivo, o como sustantivo despectivo, para designar a una persona, y cuando se usa como adjetivo para calificar a un ser vivo (gato) u objeto. Tampoco es capaz de reconocer la brecha cultural que hay entre el término *negro* en español y el *nigro* anglosajón. Y no será capaz de hacerlo hasta que se le programe para ello.

A partir de este ejemplo, tan simple como real, podemos comprender que el término *inteligencia artificial* es engañoso. Esa supuesta inteligencia se basa en procesar grandes cantidades información y de reconocer patrones dentro de esa información. Es una capacidad impresionante, pero que nada tiene que ver con la inteligencia humana. Sin embargo, el nombre está ahí, ha arraigado y no podemos pensar en sustituirlo, solo en tener claro lo que acabamos de decir: que no existe, hoy por hoy, una inteligencia artificial paralela a una inteligencia natural, que sería la humana.

5. **Las IA no deciden su propia ética o moralidad**

Las decisiones que toman los sistemas de IA pueden tener implicaciones éticas, como ocurren en el caso de los vehículos autónomos o los sistemas de reconocimiento facial. Sin embargo, es importante entender que las IA no posee un sentido inherente de ética o moralidad. Ya ha quedado claro antes, con el caso del gato negro, pero es importante volver sobre ello para recalcarlo, dada su importancia. Las consideraciones éticas relacionadas con las IA no dependen de ellas, sino que son responsabilidad de los humanos que diseñan, implementan y utilizan estos sistemas, y reflejan los valores y normas de la sociedad en la que se desarrollan, para lo bueno y para lo malo.

6. **La IA no surgió en estos últimos años**

Tras aclarar (o tratar de hacerlo) algunos tópicos sobre las IA, vamos a detenernos en un aspecto en concreto, que resultará más fácil de abordar tras las explicaciones previas. Y es que la IA no es cosa de ayer. El boom de informaciones sobre la IA puede llevar a pensar a algunos que es un descubrimiento revolucionario y novísimo. Nada más falso.

Ya hemos dejado claro que lo que llamamos IA no es otra cosa que en conjunto de tecnologías que se basan en algoritmos, procesos lógicos. Y, sabiendo eso, no es difícil entender que lograr que las máquinas lleven a cabo tales procesos son una vieja aspiración de la humanidad. De hecho, podríamos remontar tal sueño al venerable filósofo Aristóteles. El esfuerzo por crear máquinas lógicas ha sido una constante durante siglos. Aunque, como es obvio, tal esfuerzo, antes del siglo xx y la informática, se limitaba a construir artificios mecánicos más o menos ingeniosos. Pero el embrión estaba ya ahí.

El término *Inteligencia Artificial* fue propuesto por John McCarthy, nada menos que en 1956 (ya llovió), en la Conferencia de Dartmouth, una reunión de expertos a la que se considera como el nacimiento de la Inteligencia Artificial como campo de investigación independiente. Así que no, la IA no nació en esta década, sino el fruto de una carrera muy larga. Bien es cierto que esta explosión repentina es producto en cambios en el enfoque de cómo avanzar en el campo de la inteligencia artificial. Pero no nos vamos a detener en esto último, puesto que son profundidades científicas que nos quedan lejos como simples usuarios y, por tanto, se apartan de los objetivos de este libro.

Resumiendo: las IA, por muy avanzadas que sean, son tecnologías creadas y dirigidas por humanos. Y tienen sus limitaciones, sobre todo ligadas a la información y los objetivos que les dan los humanos. Entender esto nos ayudará a crearnos expectativas realistas sobre el papel de las IA en nuestra sociedad, así como el impacto que pueda tener en diversos campos, desde la vida cotidiana al campo laboral. También nos ayudará a afrontar de manera positiva los desafíos éticos y prácticos que el desarrollo de esta tecnología nos trae, que son muchos.

Y sabiendo ya lo que no es la inteligencia artificial, y teniendo cierta idea de lo que SÍ es, vamos a entrar un poco más en esto último.

Si hubiéramos hablado de la capacidad de aprender que tienen las IA, sin haber explicado qué es lo que NO son estas, tal vez no hubiéramos aclarado nada, sino aumentado la confusión. Pero, dicho todo esto, vamos a volver a usar una analogía, para tratar de explicar cuál puede ser el impacto de las ien nuestra vida cotidiana.

## Inteligencia Artificial. ¿Un robot amigo que aprende?

Imaginemos que tenemos un amigo robot. Al principio, ese amigo sabe hacer algunas cosas muy básicas, tales como decir *hola*, o encender las luces de la casa, o la televisión, cuando así se lo pedimos. Pero lo que tiene de especial ese amigo robot es que puede aprender de lo que pasa a su alrededor y modificar sus respuestas y reacciones, porque así le han programado, siempre dentro de ciertas limitaciones. Si un día, por ejemplo, le enseñamos cuál es nuestra canción favorita, al día siguiente solo tendremos que decirle que ponga esa canción favorita, sin decirle el nombre. Eso sí puede hacerlo la IA.

**¿Y cómo es eso posible?**

Mediante el aprendizaje. Es como si ese amigo robot tuviera un libro en el que apunta todo lo que va aprendiendo, porque así se lo enseñan. Como por ejemplo, cuáles son nuestras canciones favoritas. La siguiente vez que algo similar ocurre, revisa ese libro y actúa basándose en lo que aprendió en anteriores ocasiones.

Aunque ese imaginario amigo robot no puede pensar y sentir como un humano, actúa de tal forma y hace cosas que pueden llegar a confundirnos y hacernos pensar que es casi humano. Por ejemplo, puede ver fotos y decir qué y quiénes aparecen en ellas. O escucharnos y responder de forma coherente a lo que decimos. Por supuesto, puede danos toda clase de información, desde el tiempo que hará mañana a cuanta gente vive en Guatemala. Puede poner una serie de nuestro género favorito. Puede recordarnos la lista de la compra o que hay que regar las plantas. Puede ayudarnos a aprender otros idiomas o contar chistes. Puede, puede, puede… Puede, gracias todo eso, hacernos llegar a pensar que interactuamos con algo casi humano. Pero las apariencias engañan. Debemos recordar siempre de recordar que, detrás de todas esas interacciones, no hay más que una tecnología.

Porque todo eso es posible gracias a los algoritmos. No hay más.

Pero las IA pueden especializarse. Existen asistentes virtuales, como Siri, Alexa y otros parecidos, que ya están en nuestros dispositivos, como los móviles. Les hablamos y ellos nos dan información, ponen música o controlan las luces de la casa. Hay chatbots que nos resuelven dudas y nos dan información. Tenemos IA de reconocimiento facial, de creación de imágenes o de música, de traducción, de conducción autónoma... Las aplicaciones especializadas de la IA son casi infinitas.

Por eso, no vamos a seguir más con este capítulo. Puede que esta última parte os haya parecido a algunos demasiado breve y bastante básica. Pero es que no todo el mundo tiene claras cuestiones tan fundamentales. Y lo que pretendemos aquí es dejar claro qué es y qué no es una IA, para aquellos que todavía andan un poco a ciegas en esto. Hecho esto (o, al menos, habiéndolo intentado) es hora de detenernos en algunas de las aplicaciones de la IA que más impacto están teniendo en nuestras vidas. Aplicaciones que, a menudo, conocemos con palabros de nuevo cuño, que son el objetivo primario de este libro.

Veamos pues qué hay tras esos palabros, y cuáles son sus utilidades y limitaciones, y qué pueden ofrecernos tal vez en un futuro próximo.

# Chatbots y agentes virtuales...
# ChatGPT y su extensa parentela

ChatGPT es la inteligencia artificial más conocida, de lejos, a nivel popular. Pero, en su propio campo, tiene multitud de competidores, algunos de ellos también muy potentes y eficaces. Y siguen surgiendo más. Sin embargo, al menos a nivel popular, es la estrella más rutilante de las IA. El nombre que más está en boca de todos.

Pues bien: ChatGPT es un chatbot. Así que vamos a empezar con hablar de esta tecnología.

El término *chatbot* viene de la fusión de dos vocablos: *chat* (charlar en inglés) y *bot* (abreviatura a su vez de robot). Estos chatbots son los que han disparado la popularidad de las IA entre la ciudadanía y las han puesto en el centro de la atención pública, al extremo de que las autoridades políticas han tomado cartas en el asunto, y quizá no siempre para bien. Tamaño interés no es para menos, tanto por el enorme uso que ya tienen, como porque no paran de ganar espacio en nuestras sociedad y economía, tanto a nivel particular como colectivo. Y de nuevo será mejor que empecemos por dejar claro qué es y qué no es un chatbot impulsado por IA.

## Qué son los chatbots

Son herramientas informáticas diseñadas para ofrecernos toda clase de información. Ni más, ni menos. Han sido ideados para que la IA interacciones con los usuarios en forma de conversación, sea esta escrita o hablada. Y algunas de esas IA lo hacen tan bien que generan la ilusión, en su interlocutor, de que al otro lado de la pantalla está un operador humano, conversando con él. Y eso nos lleva a...

## Qué no es un chatbot

Es fácil de entender lo que NO es un chatbot si nos quedamos con lo que acabamos de decir: que los chatbots son IA diseñadas para interaccionar con los usuarios mediante conversación, llegando a usar a veces un estilo coloquial. Pero todo eso es una simulación. Los chatbots son tecnologías avanzadas que NO poseen consciencia, ni emociones, ni voluntad, ni iniciativa propia.

No es que sus diseñadores pretendan engañarnos al respecto. La confusión surge de que, dado el nivel coloquial que están alcanzando los chatbots, somo los humanos los que nos traicionamos a nosotros mismos y, sin querer, de manera inconsciente, empezamos a actuar como si estuviéramos hablando con otra persona.

Por eso, debemos tener siempre presente que los chatbots no son seres autónomos, con iniciativa propia o sentimientos. Insistimos: son solo (o nada menos qué) programas que operan siguiendo reglas definidas por sus creadores. Incluso aquellos chatbots que son capaces de aprendizaje para mejorar sus respuestas (y, por tanto, la interacción con los usuarios) siguen siendo tecnologías carentes de autonomía y consciencia.

## Y, ¿para qué sirven los chatbots?

Sabiendo ya lo que son, casi podríamos hablar, desde el punto de vista de un usuario, de dos clases distintas de chatbots.

1. Los diseñados que se han diseñado para ser fuente de información sobre los más variados temas, respondiendo a las

consultas de los usuarios. *ChatGPT, Gemini, Claude, Bing,* etc., son de esa clase. Muchos de estos los han desarrollado empresas de alta tecnología los gigantes *hightech*, y la carrera entre ellos explica en parte el vertiginoso desarrollo de estos sistemas. Pero no hay que desdeñar en absoluto los que son producto del trabajo de una enorme red de desarrolladores independientes, que están generando IA que pueden llegar a ser competencia seria para las comerciales de las *hightech*. Algunos de estos chatbots son accesibles de forma directa, pues son un servicio en sí mismos. Unos son de pago y otros gratuitos. Y también los hay que están dentro en un servicio más amplio y son parte de la oferta de tal servicio. Esto último es lo que ocurre, por ejemplo, con Bing, en el que la IA es parte de la oferta de Edge, buscador de Microsoft.

2. Los que utilizan diversas empresas para atender las consultas y reclamaciones de sus clientes. Los encontramos ya en muchas web y, cada vez con mayor frecuencia, también al realizar llamadas telefónicas a determinadas empresas. Estos chatbots son capaces de ofrecer respuestas inmediatas a las preguntas más frecuentes, brindar soporte técnico y mucho más. Su capacidad para interactuar con los humanos en lenguaje natural los hace accesibles y amigables incluso para aquellas personas que están poco familiarizados con la tecnología. Al fin y al cabo, la paciencia de las IA es infinita y no se impacientan ni se irritan nunca con los usuarios que les consultan. El problema es cuando, por mal diseño, la conversación entra en un bucle que no llega a ningún resultado práctico para quien llama. Aunque, por suerte, para eso sigue estando el respaldo de operadores humanos.

Es de reseñar que aquí estamos ante un caso de sinergia IA-humanos. Porque, en el caso de que la consulta sea complicada o no esté dentro de los parámetros para los que ha sido diseñada la IA para atender al cliente, esta última acaba por derivar al usuario a un operador humano. Esto ofrece una gran ventaja a las empresas, puesto que han multiplicado su capacidad de respuesta sin tener que aumentar sus recursos humanos. También a los clientes, porque elimina esas esperas, a veces interminables, que se producen cuando todos los operadores están ocupados.

Bien es cierto que parece que este sector, el de los teleoperadores, es uno de esos donde la IA está destruyendo con gran magnitud y rapidez los puestos de trabajo humanos. Lo señalamos aquí porque los cambios rápidos, por muy positivos que puedan ser, siempre se cobran «víctimas» en forma de destrucción de empleos. Y compete a las Administraciones Públicas crear puentes para que esos trabajadores no queden descolgados, sin obviar por eso las responsabilidades de cada uno para reciclarse, por supuesto.

En relación con las empresas, los chatbots, aparte de la rapidez, eficacia y ahorro de personal humano, son excelentes instrumentos a la hora de recopilar toda clase de información valiosa sobre sus clientes. Datos sobre preferencias, comportamientos y necesidades. Algo que les permitirá personalizar servicios y elaborar estrategias de marketing más efectiva.

Esa recolección de información debe respetar la privacidad de los usuarios y contar con su consentimiento explícito. He ahí otra de las tareas pendientes de los legisladores. Conseguir que todo esto sea fuente de datos para mejorar los productos y los servicios, la atención y la experiencia de cliente. Y evitar que pueda convertirse en un arma, en manos de ciertas empresas, para manipular la opinión y los gustos del público.

En paralelo a todo esto encontramos los asistentes personales virtuales. Llevamos ya años conviviendo con herramientas como Siri, Google Assistant o Alexa... aunque esos asistentes no usaban al principio IA, pero al irla incorporando van ganando una potencia y alcance que eran impensables hace mucho. Están cambiando la forma en que empleamos nuestros dispositivos, al facilitarnos tareas cotidianas, respondiendo a instrucciones que les damos con la voz.

Por eso, se está hablando de que estamos a las puertas de ver agentes virtuales (que luego tendrán ese nombre u otro, pues esto también es algo que cambia con rapidez). Esos agentes ya podrán hacer multitud de tareas, liberando de rutinas y actuando como verdaderos secretarios o gestores virtuales, llevando a cabo tareas tan diversas como gestionar las agendas personal y profesional, racionalizando las compras, actuando como entrenadores personales y multitud de tareas más. Sí, esto no ha hecho más que empezar.

Pero, por quedarnos en lo inmediato, veamos algunas de las aplicaciones concretas que ya tienen los chatbots o que tendrán en un futuro que casi ya está aquí.

## Algunas aplicaciones de los chatbots

Aparte de las que ya hemos mencionado, tales como el servicio al cliente o los asistentes virtuales, aquí van solo unas pocas, tan solo a modo ilustrativo de la revolución que esto va a suponer (está ya suponiendo).

1. **Sector Salud.** Esta es una maravillosa área de utilidad de los chatbots (aunque no milagrosa, porque es fruto de un esfuerzo sostenido; de algo en lo que se lleva trabajando mucho y desde hace bastante tiempo). Los chatbots responderán a consultas de los pacientes y resuelven incidencias médicas básicas, siempre bajo supervisión de facultativos. Mejoran de esa forma la experiencia del paciente y reducen los tiempos de espera del usuario, descargando de trabajo a los médicos. Pueden realizar multitud de tareas útiles en la atención primaria, desde una evaluación preliminar de los síntomas hasta recordar a los pacientes la toma de sus medicamentos. Siempre, recalcamos, bajo supervisión humana. Porque no han venido a sustituir a los médicos humanos, ni a la atención

tradicional, sino a convertirse en un complemento más que valioso a la medicina primaria.

2. **Educación**. Están ya dando una nueva dimensión a la formación y el aprendizaje. Los chatbots no solo suministran material formativo, sino que también se adaptan al ritmo y estilo de los estudiantes. Y, además, pueden proporcionar un refuerzo educativo interactivo, multiplicando así la eficiencia y rapidez del aprendizaje.

3. **Traducción instantánea**. Es un terreno en el que las IA están avanzando con rapidez. En el caso de los chatbots, estos permitirán (ya permiten) la interacción entre personas que hablan idiomas distintas, traduciendo a voz, y en tiempo real, lo que cada interlocutor expresa. No hace falta explicar las enormes posibilidades de esta tecnología, de cara al futuro.

4. **Entretenimiento**. En el sentido más amplio del término. No solo hablamos de experiencias lúdicas (juegos). Pensemos tan solo como, en un futuro cercano, podrían ser parte de la solución a los problemas de soledad y aislamiento que sufren sectores de nuestra sociedad, como es el de las personas de edad avanzada.

Y mucho más, pero basten estos cuatro ejemplos. Existen multitud de utilidades de los chatbots, unas ya operativas, otras en desarrollo y muchas aún por descubrir. El límite está casi, como en tantas cosas, en la imaginación (humana). Pero también todo esto presenta sus problemas por resolver. Ejemplo de ello es la cuestión de la comprensión del lenguaje natural. Tal comprensión es compleja y eso es algo que puede llevar a malentendidos o respuestas erróneas, sobre todo en situaciones no previstas por los desarrolladores. Algo que no es un demérito de estos últimos, en absoluto. La interacción hablada y escrita de los humanos es muy rica en matices, y resulta difícil abarcarlos todos en una programación.

A cambio, y por ser positivos, podemos resumir algunas de las características beneficiosas para usuarios por un lado y empresas o instituciones por otro:

1. Disponibilidad constante.
2. Respuestas inmediatas.
3. Capacidad para manejar múltiples solicitudes a la vez.
4. Interacción personalizada.
5. Disminución de costes.

Esto es, a vuelo de pájaro, una pequeña parte de lo que los chatbots pueden ofrecerlos. Para sacarles todo su posible partido, es fundamental que se avance a la hora de que estos se acerquen cada vez más a la flexibilidad mental y a la capacidad de comprensión de matices que tienen los seres humanos. De lograrse, este es un campo que puede ofrecernos saltos prodigiosos en cuestiones de eficacia, en campos de lo más diversos.

# Un puñado de ejemplos
# de lo que nos dará la IA
# en los próximos años

No pocos se han hecho a la idea de que la Inteligencia Artificial es útil poco más que en campos como lo lúdico y, si acaso, lo cultural, así como al suministro de información. Pero la IA se está extendiendo como una mancha de aceite por los campos más dispares. Está ya cambiando sectores claves de la economía y de la propia sociedad. Y, por tanto, los está modificando (esperemos que para bien). Tal vez, cuando echemos la vista atrás, dentro de no muchos años, veamos una cultura -entendida esta como el entorno en el que nos desenvolvemos los seres humanos- muy distinta a la actual. Y, antes de que alguien diga que eso es exagerar, recordemos los cambios que han producido la informática o Internet en los últimos 30 años. ¿Concebimos la producción, la economía en general o nuestra propia sociedad sin informática o la Red? ¿A que no?

Así que aquí vamos a detenernos en algunos de los sectores que ya están cambiando o cambiarán en breve gracias a la IA. Y quede claro lo de *algunos*. Quede igual de claro que estamos hablando de cinco o seis años, no más. El abanico de sectores es mucho más amplio y ¿quién sabe los cambios que se producirán en un plazo más largo? Lo único cierto es que, como usuarios, como trabajadores y como empresarios debemos estar atentos a las señales, sobre todo en nuestros campos de interés.

Dicho esto, vamos a comenzar con algo que lleva años sonando. Nos referimos a…

## Los vehículos autónomos

En este caso, los medios de comunicación no exageran ni engañan. Los coches, autobuses, camiones, que se conducen solos ya están aquí o a la vuelta de la esquina. Vendrán (ya existen, pero están en pruebas técnicas, con recorridos restringidos, y sometidos a debate legal en algunos de sus aspectos) vehículos que nos llevarán de origen a destino. Y, durante el trayecto, iremos despreocupados de la conducción, leyendo, viendo series, chateando con amigos o despachando negocios con partners, proveedores y clientes.

Ya circulan vehículos así en distintos puntos del mundo, sometidos a diversas regulaciones. La IA está transformando a los vehículos en inteligentes (y recordemos lo que significa *inteligente* aplicado a máquinas, que nada tiene que ver con la consciencia o la voluntad). Son capaces de ver y analizar el entorno por el que circulan, y reaccionar en consecuencia. Para ello utilizan cámaras y sensores, y enormes bases de datos que les permiten analizar la información que reciben de su alrededor. Así pueden desde reconocer las señales de tráfico a analizar las acciones de otros vehículos y los peatones.

De esa forma, los vehículos autónomos pueden tomar decisiones en fracciones de segundos. Pueden cambiar de carril para circular más rápido o fluido, frenar para evitar un accidente o atropello, elegir rutas alternativas en caso de problemas con el tráfico… Porque los vehículos autónomos prometen hacer los viajes no solo más eficientes, sino también más seguros.

Y también, por cierto, pueden cambiar por completo el transporte público y privado, y hasta los modelos de negocio asociados al transporte de viajeros y mercancías. Es muy posible que los vehículos pasen, mayoritariamente, de ser productos a servicios. Es decir, que caiga el número de coches en propiedad, puesto que muchos solo necesitaremos pedir un vehículo para determinada hora y lugar, y por determinado lapso de tiempo. Se acabó eso de comprar coches para tenerlos aparcados el 90% del tiempo en el garaje, o cerca de casa o el lugar de trabajo. Pago por uso, puro y duro.

La tecnología está ya lista. Hay que depurarla y perfeccionarla, es cierto. Y se está haciendo. Cuando eso ocurra, y se clarifiquen ciertas cuestiones legales (no vamos a entrar en eso ahora) los vehículos autónomos van a ir ganando parcelas de acción en una forma vertiginosa.

Ocurre que los vehículos autónomos no solo serán capaces de llevarnos de un punto A a otro B, sin que los tengamos que conducir. Serán parte de sistemas de circulación inteligente, formado por millones de vehículos, en la que la IA optimizará las rutas a cada instante. Eso reducirá tiempos y evitará atascos. Mejorará la eficiencia de diversas formas y una de ellas será el consumo de combustible. Eso último redundará en ahorro para los consumidores y en un aumento de la sostenibilidad del sistema.

Aparte del transporte de pasajeros, la IA aplicada a los vehículos autónomos está llamada a transformar la logística y el transporte de mercancías. Los sistemas de circulación inteligente que acabamos de mencionar harán que las entregas sean más rápidas y fiables. También que el almacenaje sea más eficiente. La rapidez y la eficiencia beneficiará a toda la cadena, desde el productor al consumidor, ayudará a un consumo con menor desperdicio y a reducir la huella ecológica.

Y más que no podemos todavía imaginar. Pero que veremos a no mucho tardar, porque todo esto es una realidad que ya se está implantando de manera paulatina.

# Hogares inteligentes

Recordemos una vez más y a riesgo de que nos llaméis pesados que, cuando aquí decimos «inteligentes», no estamos hablando de algo con consciencia, sentimientos o voluntad, sino de tecnologías lógicas que operan sobre algoritmos. Hecha por enésima vez esta precisión, vamos a decir que la IA está abriendo una nueva era en nuestra vida doméstica. Y que, en los próximos años, veremos cómo esta tecnología transforma nuestros hogares en entornos más integrados, personalizados y eficientes.

De hecho la IA en este caso va a dar una nueva dimensión a algo que ya está en no pocas casas con esos mismos objetivos de integración, personalización y eficiencia. Estamos hablando de la domótica. Y, para aquellos que no sepan qué es la domótica (no hay que dar nunca nada por supuesto) digamos que es la integración de la tecnología en el diseño de espacios humanos (desde viviendas a oficinas) para mejorar la calidad de vida, aumentar la eficiencia, y proporcionar seguridad y confort a través de la automatización. Tal automatización, a través de dispositivos y sistemas, permite controlar de forma remota en unos casos, y automáticamente en otros, distintos aspectos habitacionales, tales como la iluminación, la climatización, los aparatos electrónicos, los sistemas de seguridad, etc.

Es fácil entender que, según la IA se vaya sumando a la automatización, el desarrollo de todo esto va a alcanzar nuevas dimensiones.

La IA no solo permitirá controlar dispositivos inteligentes a través de comandos de voz o aplicaciones, sino que también aprenderá de nuestras rutinas y preferencias para anticipar nuestros deseos y necesidades. Por ejemplo, un sistema de IA podría ajustar automáticamente la iluminación y la temperatura según la hora del día o incluso preparar una taza de café cuando nos despertemos, sin que tengamos que pedirlo, porque tal es nuestra rutina, que la IA habrá aprendido.

La seguridad del hogar también experimentará toda una revolución gracias a la IA. Los sistemas de seguridad podrán distinguir entre miembros de la familia, visitantes habituales y posibles intrusos, alertando cuando sea necesario. Además, serán capaces de monitorizar patrones de comportamiento inusuales que puedan indicar que se ha producido una emergencia médica (por ejemplo), alertando a los servicios de emergencia de manera proactiva.

La cocina inteligente es otro ámbito que se beneficiará enormemente de la IA. Imaginemos un refrigerador que no solo nos avise de que faltan o escasean ciertos productos, sino que también sugiera recetas a partir de aquello que tenemos disponible, teniendo además en cuenta nuestros gustos culinarios y las posibles restricciones dietéticas que hayamos ordenado. Sumemos a eso que otros dispositivos inteligentes podría cocinar estos platos, controlados por IA y asegurando resultados a nuestro gusto (poco hecho, al punto, muy hecho...). Y añadamos control de flujo de agua en los grifos, avisos del lavavajillas, control de los dispositivos de limpieza... toda una minirevolución que viene.

Engranando con eso, está la gestión de la energía en el hogar. Las IA podrán optimizar el consumo de en función de los patrones de uso y las tarifas de energía en tiempo real, reduciendo los costes y el impacto ambiental. Por ejemplo, podrían cargar los dispositivos electrónicos cuando las tarifas de electricidad sean más bajas o aprovechar la energía solar durante las horas pico.

El cuidado del hogar y la gestión de tareas domésticas también se simplificarán gracias a la IA. Los robots de limpieza se volverán más sofisticados, limpiando más eficientemente y evitando obstáculos con mayor precisión. La IA también podría ayudar en el mantenimiento del hogar, prediciendo cuándo los dispositivos necesitan mantenimiento o reparación antes de que fallen.

Y por acabar (porque, de nuevo, ni siquiera podemos imaginar otros avances en este ámbito que están por llegar a corto plazo) la integración de la IA en el hogar ayudará en una cuestión cada vez más crítica, que es la dependencia. La IA podrá brindar asistencia a personas con necesidades especiales, facilitando tareas cotidianas o incluso interaccionando con personas en situación de soledad, mejorando la calidad de vida de este colectivo cada día más numeroso.

# El entretenimiento

Ya tocamos este campo (y otros presentes en este capítulo) al hablar de los chatbots. Pero, en el territorio de lo lúdico, la IA abarca otros muchos aspectos aparte de ese en concreto. De hecho, aquí, la IA va a producir una transformación tan grande que es difícil de imaginar. En este caso, la personalización va a ser una de las claves. A día de hoy, algunas plataformas, gracias a la IA, ya recomiendan películas o música a los usuarios, basándose en el historial de consumo y las preferencias de cada uno. Pero, en los próximos años, podríamos ver sistemas mucho más avanzados, capaces de crear contenido personalizado mediante IA. Por mencionar algunos de los sectores del ocio y entretenimiento (que en ocasiones se imbrican el arte y la creación, así como con la educación), podemos hablar de:

1. **Películas y series personalizadas.** Sí, porque estamos viendo avances asombrosos en cuanto a la generación de video y es mucho el dinero que se está invirtiendo en este campo. No es descabellado imaginar películas o series en las que la trama, los personajes e incluso los finales cambien según las preferencias personales de cada uno. Eso significa que cada persona experimentaría las películas de manera diferente.

2. **Música a medida.** Otro tanto podemos decir aquí. Ya tenemos IA capaces de componer música y, en los próximos años, podríamos tener creaciones adaptadas a los gustos y el estado de ánimo de cada cual.

3. **Videojuegos evolutivos**. Los videojuegos se volverán más inmersivos e interactivos gracias a la IA. También ellos se adaptar a cada usuario y los personajes, controlados por la IA, se volverán más realistas, con personalidades y reacciones que irán cambiando según el usuario interactúe con ellos.

   En lo lúdico (que, repetimos, a veces se solapa con la creación y la educación), la IA, combinada con otras tecnologías como la realidad virtual o la realidad aumentada, tiene mucho que decir también a la hora de generar mundos virtuales.

4. **Espectáculos deportivos interactivos**. Cambiará la forma en que vemos los deportes. Porque la IA nos permitirá desde seleccionar ángulos de cámara a ofrecer simulaciones de cómo podrían haber variado las jugadas.

5. **Creación de contenido**. Los creadores trabajando con las IA podrán producir nuevas formas de arte y de entretenimiento. Veremos llegar estilos y géneros creativos totalmente nuevos. Veremos difuminarse la barrera entre creadores y espectadores, y también los límites entre simple evasión, educación y arte.

Y no seguimos, porque aquí, como en otros muchos apartados, podríamos hacer escribir un libro completo hablando solo de esto.

# Agentes virtuales

Ya los hemos mencionado, como una evolución de lo existente y que irá mucho más allá de los chatbots actuales. O, visto desde otro punto de vista, es algo que dará a estos últimos una nueva dimensión. Porque en estos próximos años, gracias a la IA, los actuales asistentes virtuales dejarán de ser simples herramientas de comandos de voz para convertirse en algo así como compañeros inteligentes (entiéndase siempre, por favor, en el sentido de la inteligencia tal como la entendemos en las IA) y proactivos. Eso será gracias a:

1. **Una comunicación más natural.** La IA permitirá conversaciones más fluidas y naturales.

2. **Mayor personalización.** La IA analizará nuestros patrones de comportamiento, preferencias, agenda de cada cual, para ofrecer mejor asistencia. Podrán tomar la iniciativa en nuestro día a día, desde sugerirnos que llevemos paraguas, porque va a llover, a recordarnos que se acerca el cumpleaños de un allegado, sin que les hayamos dado indicaciones para ello.

3. **Integración en nuestra vida física y digital.** Porque harán desde controlar dispositivos del hogar a gestionar el correo electrónico, las redes sociales o nuestros sistemas de entretenimiento.

4. **Aprendizaje y mejora continuas.** Los asistentes virtuales aprenderán de sus interacciones con nosotros, mejorando su rendimiento y capacidad de asistencia. En ese sentido, po-

drán ser muy valiosos dando soporte emocional a determinados perfiles de personas y en circunstancias concretas.

Si pensáis que quizá nos estamos repitiendo un poco, tenéis razón. La reiteración es un recurso también muy valioso. Volver varias
veces sobre lo mismo, desde ángulos distintos, ayuda no solo a fijar
ideas, sino a recalcar lo valioso de las mismas.

# La medicina

Más de lo mismo. El uso médico de los chatbots va a ser un avance maravilloso, pero la IA, en el campo de la medicina, irá mucho más allá. Aquí, la IA está a punto de causar una revolución propia de la ciencia ficción. Y es una revolución que lo abarcará todo, en sectores tales como el de la asistencia al de los fármacos.

En la asistencia a los pacientes porque veremos:

- **Diagnósticos muy precisos y rápidos.** Inteligencias artificiales, entrenadas con gigantescas bases de datos médicos, podrán identificar patrones y anomalías en las imágenes de sistemas tales como los rayos X o las resonancias magnéticas. Eso permitirá a los médicos humanos la mejora de sus diagnósticos, cosa que, unida a la rapidez, puede marcar una diferencia drástica para la calidad de vida o incluso la propia supervivencia de los pacientes.

- También facilitarán **una atención más personalizada.** Disponiendo de los historiales de los pacientes, podrán ayudar a diseñar tratamientos más efectivos y con menos efectos secundarios para cada uno de ellos. Eso llevará a terapias eficientes y también a que gocemos de una mayor calidad de vida.

Los asistentes virtuales, en este caso, transformarán la interacción entre los pacientes y el personal sanitario. Dichos asistentes virtuales podrán gestionar las agendas médicas de todos y cada uno de los ciudadanos, dando recordatorios de medicación y citas. Servirán para aliviar la carga del trabajo de los profesionales y mejorar la experiencia de los pacientes.

- En el campo de la prevención, las IA tendrán mucho que decir en la **gestión y control de las epidemias**. Gracias al análisis de toda clase de datos, desde patrones de movilidad a interacciones sociales, las IA podrán predecir y ayudar a contener brotes de enfermedades contagiosas, facilitando en unos casos la prevención y en otros la contención, al permitir respuestas más rápidas y flexibles.

- Y, con relación a los tratamientos, los cambios en el campo sanitario serán radicales gracias a que la IA permitirá una evolución espectacular en temas tales como la **Robótica en cirugía**, al hacer que las intervenciones quirúrgicas sean menos invasivas y más precisas, aumentando su efectividad y consiguiendo tiempos de recuperación más rápida. Porque los robots asistidos por IA permitirán realizar intervenciones con una precisión más allá de la capacidad manual humana. Eso no significa que sustituya a los cirujanos, sino que potenciará las capacidades y la eficacia de estos de manera asombrosa.

Y no podemos dejar de lado el **desarrollo de fármacos y vacunas**. Porque la investigación y creación de nuevos fármacos será otro campo que se está ya beneficiando de la IA. En el momento en que se escribe este libro, ya opera AlphaFold, de DeepMind, un sistema de IA diseñado para entender la estructura tridimensional de las proteínas a partir de su secuencia de aminoácidos. Y conocer tal estructura sirve para entender la función e interacción de las proteínas. Los métodos previos eran caros y muy lentos, dos problemas que AlphaFold ha venido a resolver. Algo que ayuda a conocer la enfermedades a nivel molecular y a desarrollar medicamentos eficaces contra ellas.

Esto es solo una muestra, un avance de lo que ya está llegando y que, en los próximos años podrá cambiar de forma radical la prevención, diagnóstico y tratamiento de las enfermedades. Es el futuro que ya está aquí.

# Enseñanza y formación

Estos son otros tantos ámbitos que van a vivir toda una revolución, de la que los chatbots serán una parte, pero no el total. La enseñanza y la formación se volverán más personalizadas, accesibles e interactivas, gracias a las IA, que facilitarán:

**Personalización del aprendizaje.** La IA podrá adaptar el material educativo a las necesidades y ritmo de cada estudiante. Podrá analizar las capacidades, puntos fuertes y puntos débiles de cada persona, presentando contenido para maximizar el aprendizaje, lo que permitirá que cada cual progrese a su propio ritmo.

**Asistentes y tutores virtuales.** Brindarán asistencia y orientación personalizada. Responderán preguntas, darán información adicional e incluso generarán los recursos personalizados de los que hablábamos hace un momento. En resumen, darán al estudiante un apoyo imposible de concebir en el aula tradicional.

Todo esto hará que el seguimiento y la retroalimentación sean herramientas educativas fundamentales. Se podrán generar **contenidos educativos dinámicos**, que darán respuesta a las necesidades de los estudiantes. Por ejemplo, un libro de texto digital podrá ofrecer a estos ejemplos y ejercicios que serán distintos para cada uno, según sean las necesidades o incluso los intereses personales de los distintos estudiantes.

Otra herramienta será la Realidad Virtual, que proporcionará experiencias de aprendizaje inmersivas. Los estudiantes podrán explorar conceptos complejos en entornos virtuales, realizar trabajos en laboratorios virtuales o sumergirse en sucesos históricos como si estuvieran presentes. Todo orientado a la mejora del aprendizaje.

Y, por supuesto, algo que nos ofrecerá es el desarrollo y la formación continuos. La IA ofrecerá **programas especializados y personalizados**, ayudando a los profesionales a adquirir nuevos conocimientos y a desarrollar habilidades necesarias para su desempeño profesional. Esto les asegurará el estar siempre actualizados en mercados laborales en continua transformación.

# La seguridad

En su sentido más amplio. Y aquí también la IA tiene mucho que decir, con la particularidad de que es tanto en el ámbito digital como en el físico.

El desarrollo de sistemas tales como el reconocimiento facial permitirá aumentar la seguridad en espacios públicos y un mejor control sobre nuestros dispositivos. Aunque no será un camino de rosas, pues será preciso crear toda una legislación que evite un uso excesivo e ilegítimo de estas tecnologías, por parte de administraciones públicas o grandes empresas. En este caso, es obvio que necesitamos llegar a un equilibrio entre la seguridad pública y la privacidad de los ciudadanos.

También la domótica, gracias a la IA, permitirá una mayor seguridad en el hogar. Los sistemas podrán distinguir entre los residentes en el domicilio, los visitantes y los posibles intrusos, a través de recursos tales como el reconocimiento facial y los patrones de comportamiento. Podrán gestionar también las rutinas diarias, enviando alertas en caso de detectar algo inusual.

En el campo financiero, las IA aumentarán la capacidad de prevenir posibles fraudes. Aquí, serán una de las herramientas clave. Al ser capaces de analizar los patrones en grandes volúmenes de transacciones, pueden detectar movimientos sospechosos y alertar en tiempo real a los interesados, así como a las autoridades. También podrán detectar los intentos de clonar tarjetas (o lo que les sustituya en el futuro) o los accesos no autorizados a las cuentas bancarias. Todo esto ayudará a evitar pérdidas millonarias por parte de empresas, en unos casos, así como a proteger las cuentas de los ciudadanos.

# La justicia

En un futuro muy próximo, la IA puede ayudar a hacer que la justicia sea más rápida, eficiente y accesible. Sin embargo, debemos decir que la aplicación de la IA, en este campo en concreto, suscita preocupaciones legítimas. La clave está en saber aprovechar las oportunidades que ofrece para mejorar los sistemas legales y su funcionamiento, evitando los problemas que podría causar a la equidad o a la privacidad. En tal sentido, la IA puede ayudar a mejorar:

1. **La rapidez y la eficacia del sistema.** Porque, gracias a la capacidad de la IA para automatizar tareas administrativas tales como la revisión de documentación o la gestión de los datos, que consumen mucho tiempo y alargan los procesos. Eso es algo que va a permitir a los profesionales concentrarse en aspectos más estratégicos y críticos. Además, la IA podrá ayudar a organizar y analizar grandes cantidades de información legal para presentar precedentes y posibles argumentos legales, lo que acelerará de manera significativa la preparación de los casos.

2. **El acceso a la justicia.** La IA puede hacer más accesible, a la ciudadanía, la información y el asesoramiento legal. Gracias, una vez más, a los chatbots y a los asistentes virtuales, operando con IA, los ciudadanos podrán obtener orientación legal a bajo coste o de forma gratuita, antes de emprender acciones legales (o no) en asuntos que les afectan. Como en el caso de la salud, la inteligencia artificial, con todas sus va-

riantes, no parece llegar para sustituir a los abogados, sino que se convertirá en un facilitador, dentro del laberinto en el que se han convertido los sistemas legales modernos.

3. **Soporte y predicción al servicio de los profesionales.** Visto desde el otro lado, el de los abogados, la IA podrá analizar los precedentes de los casos y, gracias al análisis de los datos, ofrecer predicción de resultados para los posibles litigios. Eso ayudará a los profesionales a diseñar sus estrategias (y a los ciudadanos a decidir si embarcarse o no en un procedimiento judicial). También puede servir a los legisladores para depurar, a partir de los datos, el sistema legal. Y a los jueces a tener en cuenta todos los aspectos relevantes.

   Aquí, será de nuevo crucial la sinergia entre los seres humanos y las IAs, puesto existen matices, complejidades éticas, que las segundas no son capaces de manejar.

4. **La prevención de los delitos y la rehabilitación de los delincuentes.** Porque las IAs podrán analizar patrones de comportamiento y factores de riesgo, con el objetivo de identificar perfiles individuales o colectivos con mayor riesgo de actividad delictiva. También aquellas situaciones que pueden ofrecer más riesgo de desembocar en delitos. Eso, claro, ha de conducir a programas más eficaces de prevención en unos casos y de rehabilitación en otros, buscando disminuir las tasas de delitos y mejorar las de reinserción. Y hay que reconocer que este será un tema complicado que se debe manejar con precaución, para evitar que se vulneren los derechos personales o la privacidad.

Por no seguir, en este terreno, la IA parece tener una gran potencia a la hora de transformar nuestros sistemas legales y la justicia en general, para bien o para mal. Puede mejorar la eficacia del sistema, la accesibilidad al mismo y aumentar la equidad. O puede conducir a algo parecido a eso que se llama un ««sistema policial». Y la responsabilidad final no será de las inteligencias artificiales, ni tampoco de sus programadores, sino de aquellos que las empleen para un fin u otro.

# El comercio

Este es un campo en el que también podríamos extendernos hasta el infinito. De hecho, las nuevas tecnologías (ya no tan nuevas) como la informática o Internet han venido provocando transformaciones muy hondas en el sistema comercial, a lo largo de las últimas décadas. Y lo cierto es que, si miramos atrás, a los últimos veinte o treinta años, y hacemos memoria colectiva, nos daremos cuenta de que esas transformaciones son tales que se ha vuelto irreconocible para aquellos que vivieron esos tiempos. Y, ahora, la IA está ya revolucionando una vez más el comercio.

Los chatbots también jugarán aquí un papel crucial, proporcionando a los clientes **servicios personalizados e instantáneos**. Resolverán consultas y problemas, podrán prever las necesidades de clientes a partir de los datos, agilizando la experiencia de compra.

Y no solo agilizando, pues la IA, al analizar los datos de comportamiento de los consumidores, tales como el historial de compras o de navegación, permitirá a las empresas ofrecer **mucha mayor personalización**. Es decir, permitirá a las empresas ofrecer recomendaciones y ofertas en tiempo real. Esto, para el cliente, redundará en **mejor experiencia de compra**. Pero para casi todos son obvios también los peligros de que surjan estrategias de venta que puedan aprovechar los sesgos y las vulnerabilidades de los clientes para manipularlos y empujarles a compras innecesarias.

Porque la IA permitirá a las empresas utilizar análisis predictivo para tomar decisiones estratégicas sobre cuestiones tan vitales como el desarrollo de productos, el marketing o los planes de expansión. Al ayudar a analizar grandes volúmenes de datos, **la IA identificará tendencias emergentes**, preferencias de los consumidores u oportunidades de mercado, dando ventaja competitiva a las empresas que sepan utilizarlas.

También la IA va a ofrecer, tanto a las grandes empresas como al pequeño comercio, **mejoras en la gestión del inventario y de la cadena de suministro.** Los sistemas podrán predecir la demanda con precisión, lo que ayudará a gestionar el inventario con mayor eficiencia y reduciendo desperdicio. Mejorarán también la logística de entrega. Todo eso aumentará el rendimiento para las empresas, la comodidad y la satisfacción para los clientes, y ayudará a reducir el impacto ecológico, tan necesario en estos tiempos.

La publicidad y el marketing se volverán más inteligente y menos invasivos. Porque la IA analizará contextos y los comportamientos de los usuarios para ofrecer anuncios más oportunos. Eso **mejorará la eficacia de las campañas publicitarias** y a la vez, por supuesto, abrirá resquicios a esos riesgos de manipulación de los consumidores que ya apuntábamos.

Gracias a la IA seguirá avanzando, por supuesto, la **automatización de los procesos de pago.** Pues gracias a ella, unida a tecnologías tales como el reconocimiento facial y la biometría se agilizarán las compras. Y también aumentará la seguridad de las transacciones, ayudando a reducir los fraudes y las suplantaciones de identidad.

Y podríamos seguir, hablando de experiencias de compra inmersivas, de predicción de tendencias, de análisis de sentimientos en Redes Sociales…, que ayudarán al ahorro de recursos y a la eficacia de las ventas por parte de unos y de las compras por parte de otros. Y luego seguir y seguir. Pero creemos que ya hemos abierto suficiente ventana a lo que el futuro traerá en este campo.

Y, para no eternizarnos, vamos a dar una pequeña lista de otros sectores sociales, económicos, laborales, intelectuales… en los que la

IA va a causar (o ya está causando) cambios significativos. Juntos, están iniciando un efecto dominó cuyos alcances son difíciles de predecir, pero que experimentaremos a no mucho tardar. Vamos allá pues:

**Agricultura.** Gracias a drones y sensores fijos, gestionados por IA, se podrá analizar la salud de los cultivos, las condiciones de humedad, la presencia o riesgo de plagas. También el riego, la fertilización, los tratamientos. Todo ello reducirá costes e impacto ambiental, mejorando además los rendimientos.

**Producción.** Con optimización de las cadenas de suministro, la automatización de suministro y el mantenimiento predictivo, vamos a entrar en otra era de eficacia y ahorro de recursos y materias primas.

**Energía.** Uno de los grandes temas de nuestra era, junto con el agua. Aquí veremos redes inteligentes y optimización de los suministros y consumos cada vez más eficaces.

**Agua.** Gestión eficiente, monitorización de consumos, detección y prevención de fugas. Predicción de la demanda, control de la calidad de las aguas, tratamiento de aguas residuales... en todo esto, la IA tiene mucho que decir, desde luego.

**Logística.** Optimización de las rutas, seguimiento de envíos, gestión de las flotas.

**Robótica.** Aquí también la IA va a desempeñar un papel estelar, controlando desde la automatización de tareas domésticas, con robots incluidos, a acompañantes robóticos o asistencia robotizada a personas con problemas de movilidad.

**Automatización de los espacios.** Con hogares y oficinas inteligentes, gestión eficiente de la energía y prevención de posibles riesgos en esos espacios (desde incendios a caídas).

**Recursos humanos.** Mejora en la selección los reclutamientos, en la formación del personal, en el análisis de eficacia laboral...

**Seguros.** Evaluación de riesgos personalizada, procesamiento de reclamaciones automatizado o prevención de fraudes serán campos abonados entre otros para las IA.

**Inmobiliaria.** Desde la valoración automática de los bienes inmuebles a la gestión de alquileres, pasando por las visitas virtuales o las recomendaciones personalizadas.

**Arquitectura y diseño.** Con diseños y modelado 3D asistidos por IA y simulaciones que permitirán ahorros considerables en tiempo y recursos económicos.

**Idiomas y Traducción.** Aquí vamos a ver un cambio total. De la traducción simultánea en tiempo real al aprendizaje de idiomas que nos llevar, por fin, a la superación de muchas barreras lingüísticas.

**Vehículos civiles no Tripulados.** Automóviles, drones aéreos, metros y trenes... con aplicaciones en el transporte humano y de mercancías, así como en vigilancia y control de tráficos, cultivos, prevención de desastres...

**Turismo.** Planificación de viajes personalizada, guías virtuales y servicios inteligentes en destino. Y, por supuesto, turismo virtual personalizado, al presente, al pasado reconstruido, al futuro imaginado o a un mundo creado, gracias a la Realidad Virtual.

**Deportes.** Otro gran campo para la IA. Desde análisis de rendimiento a estrategias de entrenamiento personalizadas. Y, por supuesto, experiencias de espectadores mejoradas. Y deporte inmersivo en entornos virtuales, una vez más, gracias a la realidad virtual.

**Gastronomía.** Gestión inteligente de restaurantes. Robots de cocina. Menús personalizados. Oferta predictiva.

**Gestión de desastres naturales.** Predicción de los mismos, coordinación de respuesta, evaluación de daños, apoyo a la reconstrucción.

**Arte y Cultura.** Creación asistida por IA, en literatura, imagen, música (uno de los grandes campos de batalla intelectual y legal del futuro próximo). Acceso a la cultura. Conservación del patrimonio cultural material e inmaterial.

**Moda.** Diseño asistido por IA, tendencias predictivas, experiencias de compra virtual, oferta personalizada...

**Ocio y tiempo libre.** Ya hemos visto algunas en otros apartados y, básicamente, todas se pueden agrupar en tres parámetros: personalización, interactividad y colaboración (y/o competición). Tres que, sin embargo, abren un mundo infinito de posibilidades.

**Medios de comunicación.** Generación de contenido automático o asistido (otro terreno para la controversia) y personalización de la información que se suministra a cada usuario.

**Telecomunicaciones.** Optimización de redes, gestión de tráfico de datos y servicios personalizados.

**Seguridad cibernética.** Prevención proactiva de ataques, respuesta a incidentes, análisis de vulnerabilidades.

**Gobierno y Administración Pública.** Aquí sí que hay un gran campo para la acción de la IA en el futuro (si no lo bloquean toda clase de intereses). Por ejemplo, servicios públicos interesantes. Democracia descentralizada. Toma de decisiones basada en datos. E-gobierno. De nuevo, las posibilidades son infinitas y las oportunidades enormes. También las amenazas debido a un mal uso de ciertas élites no son nada de desdeñar.

**Prevención de la desinformación y la manipulación.** La IA puede ser capital a la hora de identificar y combatir la desinformación masiva en línea, que tanto nos preocupa, porque tanto daño está haciendo. Esto ayudará a depurar y mejorar la democracia, sobre todo en periodos electorales.

**Derechos humanos.** Se podrán monitorizar las violaciones de los derechos humanos, analizar las tendencias y las evoluciones, gestionar campañas de concienciación personalizadas.

**Participación ciudadana.** Las plataforma impulsadas por IA podrán facilitar un mayor compromiso e involucración de la ciudadanía, permitiéndoles expresar sus opiniones, participar en debates, obtener respuestas personalizadas a las cuestiones que planteen o realizar votaciones electrónicas. De nuevo, hay que apuntar que esto puede, si no se gestiona bien, alimentar la demagogia y las decisiones colectivas irreflexivas. Pero no hay progreso sin riesgos.

**Defensa.** Porque la IA puede mejorar la defensa en todos los ámbitos, gracias al análisis de inteligencia en tiempo real, el uso de los drones y la predicción de amenazas posibles, lo que permitirá diseñar estrategias defensivas con mayor rapidez, certeza y economía de medios.

**Vehículos armados autónomos.** La tecnología podrá dotarnos de estos vehículos guiados por IA, que podrán operar tanto en misiones del ejército como de la policía, salvaguardando las vidas humanas. Aunque aquí, de nuevo, habrá que resolver cuestiones éticas y legales de no poco peso.

Y mejor no seguimos. Hemos apuntado casi treinta posibles sectores de impacto, Pero podríamos haber señalado 300, o 500, o 5000. Porque la IA llega para cambiarlo casi todo. Si vuestra área profesional no está en esta lista, no significa que la IA vaya a pasar de largo. Os aconsejamos indagar e informaros, para ver en qué os afectará. Así tendréis más oportunidades de estar en primera línea y no de quedaros rezagados.

Porque ahora sí: más que afirmar que el futuro ya está aquí, podemos decir que, casi a cada día que pasa, el futuro va convirtiéndose en pasado, sustituido por algo nuevo.

Esta edición de «**Palabros 3.0**»
se terminó de editar
en octubre de
2024.